Carl Gerhard

Kants Lehre von der Freiheit

Carl Gerhard

Kants Lehre von der Freiheit

ISBN/EAN: 9783744668187

Hergestellt in Europa, USA, Kanada, Australien, Japan

Cover: Foto ©Thomas Meinert / pixelio.de

Weitere Bücher finden Sie auf **www.hansebooks.com**

KANT'S

LEHRE VON DER FREIHEIT.

INAUGURAL-DISSERTATION,

VERFASST

UND DER PHILOSOPHISCHEN FACULTAET DER VEREINIGTEN
FRIEDRICHS-UNIVERSITAET HALLE-WITTENBERG

ZUR ERLANGUNG DER DOCTORWUERDE

VORGELEGT

VON

CARL GERHARD.

HALLE 1885.

Kant's Lehre von der Freiheit.

Die Freiheit des menschlichen Willens bildet den Gegenstand der vorliegenden Untersuchung. Jahrtausende schon haben an diesem schwierigsten der philosophischen Probleme sich versucht, und noch immer ist es weit davon entfernt eine endgültige, allgemein befriedigende Lösung gefunden zu haben. Und wäre auch die Aussicht, eine solche zu finden, noch so gering, dennoch würde das gewaltige Interesse, das dieser Frage anhaftet, immer von Neuem zur Beschäftigung mit derselben antreiben. Wenn aber diese Beschäftigung eine erspriessliche sein soll, so darf sie nicht bei jedem Einzelnen gleichsam von vorne anfangen; wie überall in der Wissenschaft, so ist es auch hier nothwendig, dass der Forscher sich mit Dem auseinandersetze, was schon vor ihm über seinen Gegenstand gedacht, dass er anknüpfe an Das, was als Resultat früherer Untersuchungen anzusehen ist. Eine solche kritische Vorarbeit zur Lösung unsres Problems soll die folgende Abhandlung sein: sie will sich auseinandersetzen mit einem der eigenartigsten und tiefsten Lösungsversuche, die dieses Problem hervorgerufen hat, mit Kant's Lehre von der intelligiblen Freiheit. Und zwar will sie zunächst diese Lehre treu darzustellen, aus den zerstreuten und durchaus nicht immer klaren Aeusserungen Kant's zu eruiren versuchen, welches seine wirkliche Meinung war, um sodann zu

untersuchen, wieweit wir uns diese seine Lehre aneignen und
sie für eine wirkliche Förderung unsrer Frage halten können.
Dass eine Darstellung der Kantischen Lehre von der Freiheit
nicht ein überflüssiges Unternehmen ist, bedarf für den mit
der Kantliteratur Vertrauten keines Beweises. Berufen sich
doch die schnurstracks entgegengesetzten Standpunkte, der
Determinismus wie der Indeterminismus, in gleicher Weise
auf Kant und suchen ihn für sich zu reklamiren, und beide
mit voller Ueberzeugung und zugleich mit einem gewissen
Rechte: mit welchem, das soll eben die folgende Untersuchung
ergeben.

I. Kant's Stellung zu unsrem Problem im Allgemeinen.

In der Geschichte des Kampfes um die Willensfreiheit
nimmt Kant schon dadurch eine hervorragende Stelle ein,
dass er diesem Kampfe eine ganz neue Wendung gab. Freiheit oder Nothwendigkeit, so lautete bisher die Alternative,
für deren eine oder andere Seite die Streitenden mit ihren
Argumenten eintraten. Dem gegenüber wirft nun Kant die
Frage auf, ob es überhaupt „ein richtig disjunktiver Satz sei,
dass eine jede Wirkung in der Welt entweder aus Natur oder
aus Freiheit entspringen müsse, oder ob nicht vielmehr beides
in verschiedener Beziehung bei einer und derselben Begebenheit zugleich stattfinden könne" [Kr. d. r. V. pag. 438 [1])]. Er ent-
scheidet sich für diese letztere Möglichkeit. Freiheit und
Nothwendigkeit liegen nach ihm jedem Geschehen in der Welt
zugleich zu Grunde. Diese Lösung ergibt sich für ihn aus
dem Fundamentalsatze seiner Erkenntnisstheorie, der Unterscheidung von Phaenomena und Noumena, von Erscheinung
und Ding an sich. Die transscendentale Aesthetik und Analytik hatten ja zum Resultat, dass die Gegenstände, die wir
wahrnehmen, nicht die Dinge sind, wie sie an sich, unabhängig von unsrer Wahrnehmung existiren, sondern nur deren
Erscheinungen, wie sie von den Formen unsrer sinnlichen

---

1) Ich citire Kant nach der Ausgabe seiner Werke von J. H. von
Kirchmann. Berlin 1868 ff.

Anschauung und den Kategorien unsres Verstandes gestaltet werden, während das der Erscheinung zu Grunde liegende Ding an sich unsrer Erkenntniss unzugänglich bleibt. In der Welt der Erscheinungen nun herrscht lediglich Natur-Nothwendigkeit: jede Begebenheit hängt hier mit anderen Begebenheiten zusammen, auf die sie nach dem alle Erscheinungen umspannenden Causalitätsgesetze folgt. Hier in der Sinnenwelt also ist Freiheit nicht zu finden; soll sie überhaupt möglich sein, so ist sie es nur in der Welt der Noumena. Dort aber steht ihrer Annahme auch nichts entgegen. Denn wenn Erscheinungen blosse Vorstellungen sind, die nach empirischen Gesetzen zusammenhängen, so „müssen sie selbst noch Gründe haben, die nicht Erscheinungen sind. Eine solche intelligible Ursache aber wird in Ansehung ihrer Causalität nicht durch Erscheinungen bestimmt, obzwar ihre Wirkungen erscheinen und so durch andere Erscheinungen bestimmt werden können. Sie ist also sammt ihrer Causalität ausser der Reihe; dagegen ihre Wirkungen in der Reihe der empirischen Bedingungen angetroffen werden. Die Wirkung kann also in Ansehung ihrer intelligiblen Ursache als frei, und doch zugleich in Ansehung der Erscheinungen als Erfolg aus denselben nach der Nothwendigkeit der Natur angesehen werden" (Kr. d. r. V. pag. 438.). So glaubt Kant beide, Freiheit und Natur-Nothwendigkeit, als zugleich nebeneinander bestehend annehmen zu dürfen, indem er diese der empirischen, jene der intelligiblen Welt zuweist.

In der „Kritik der reinen Vernunft", wo Kant bei Gelegenheit der Auflösung der dritten Antinomie diese Vereinigung von Freiheit und Nothwendigkeit zuerst vorträgt, ist der Begriff der Freiheit nicht auf die menschliche Freiheit beschränkt. Das, wovon dort die Rede ist, ist die Freiheit als Welt-Princip, als kosmologische Idee, welche die Vernunft sich schafft, um einen Erklärungsgrund für das Dasein der Welt oder vielmehr jeder einzelnen Reihe von Begebenheiten in der Welt zu haben. Aber auf diese transscendentale Freiheit, welche Kant definirt als „eine absolute Spontaneität der Ursachen, eine Reihe von Erscheinungen von selbst anzufangen", gründet sich die praktische Freiheit des Menschen: denn ist überhaupt einmal das Vermögen erwiesen, eine Reihe in der Zeit ganz von selbst anzufangen, so „ist es uns nunmehr auch erlaubt, mitten im Laufe der Welt verschiedene Reihen der Causalität nach von selbst anfangen zu lassen und den Substanzen derselben ein Vermögen beizulegen, aus Freiheit zu handeln" (Ebd. p. 378). Kant beansprucht übrigens nicht in der Kr. d. r. V. die Wirklichkeit der Freiheit bewiesen zu haben, er lehnt vielmehr ausdrücklich die theoretische Beweisbarkeit derselben als unmöglich ab. Was er dort beweisen wollte, war nur dies, dass Freiheit und Natur-Nothwendigkeit in einer und derselben Handlung einander nicht widerstreiten, so dass also, falls jene durch andere Thatsachen gefordert werden sollte, die Natur-Nothwendigkeit ihrer Annahme nicht im Wege stehe. Nun gibt es nach ihm allerdings Thatsachen des Bewusstseins, durch welche die menschliche Freiheit gefordert wird. Diese Thatsachen sind sittlicher Natur, machen also den Gegenstand der Ethik aus. In Verbindung mit ihnen behandelt daher Kant das Problem der Freiheit wiederum in seinen Schriften zur praktischen Philosophie. Hier weist er nach, dass dem Menschen die Wirklichkeit seiner Freiheit, die auf theoretischem Wege nicht bewiesen werden konnte, durch ein Factum der praktischen Vernunft, durch das moralische Gesetz garantirt wird. Freiheit und praktisches Gesetz weisen nach ihm wechselsweise auf einander zurück, und zwar stellt er ihr Verhältniss zu einander so dar: jene ist die ratio essendi des moralischen Gesetzes, dieses die ratio cognoscendi der Freiheit. Je nachdem er nun aber, dem jeweiligen Zwecke der Untersuchung entsprechend, die eine oder die andere Seite dieses Verhältnisses in den Vordergrund rückt, nimmt auch die Freiheit selbst bei ihm eine andere Gestalt an, — der Hauptgrund der Schwierigkeit, aus seinen Aeusserungen eine einheitliche, in sich zusammenhängende Lehre über diesen Punkt zu gewinnen. In der „Kritik der praktischen Vernunft" wird vorwiegend das moralische Gesetz als Erkenntnissgrund der Freiheit behandelt: von ihm als einer unmittelbaren Thatsache des Bewusstseins geht Kant aus und schliesst daraus auf die Freiheit. Wir sollen

unsere Pflicht thun, so urtheilen wir unwillkürlich, also
müssen wir es auch können. Diese Freiheit, die vermöge jener
einfachen Schlussfolgerung vom Sollen auf das Können Jeder-
mann als eine Eigenschaft seines Willens sich beilegt, ist die
praktische Freiheit, deren der Mensch als Handelnder, im
Kampfe mit seinen sinnlichen Neigungen und Leidenschaften
bedarf, um von diesen nicht überwältigt zu werden. In der
„Grundlegung zur Metaphysik der Sitten" dagegen, wo die
Freiheit wesentlich als Seinsgrund des moralischen Gesetzes
geschildert wird, tritt diese ihre Bedeutung als eines praktischen Vermögens zurück; sie ist hier die Eigenschaft jedes
vernünftigen Wesens als Noumenon, autonom, sein eigener
Gesetzgeber zu sein, die transscendentale Idee, welche als
die Quelle des Sittengesetzes und somit als das Fundament
der Ethik überhaupt anzusehen ist.

Mit diesem letzteren Begriffe von Freiheit, als dem sach-
lich vorangehenden, wollen wir uns zunächst beschäftigen.

II. Die Freiheit als Fundament der Ethik.

Neben manchen andren Stellen in Kant's Schriften kommt
hier vor Allem der III. Abschnitt der „Grundlegung zur Metaphysik der Sitten" in Betracht, den er fast ausschliesslich
der Erörterung der transscendentalen Freiheit widmet. Nachdem Kant in den beiden ersten Abschnitten der „Grundlegung"
„durch Entwickelung des einmal allgemein im Schwange ge-
henden Begriffs der Sittlichkeit" gezeigt hatte, dass nur ein
solcher Wille gut genannt werden könne, der unmittelbar
durch das Gesetz bestimmt werde, nachdem er ferner die
Art und die Formel dieses Gesetzes sowie seinen nothwendigen Zusammenhang mit der Autonomie nachgewiesen hatte,
führt er im III. Abschnitt aus, dass diesen Begriffen eines
kategorischen Imperativs und einer Autonomie, die dort nur
analytisch aus dem vorausgesetzten Begriffe der Sittlichkeit
entwickelt worden waren, auch wirklich Berechtigung zu-
komme. Er thut dies, indem er ihre Grundlage in der
Freiheit nachweist, die als mit dem Begriffe eines vernünftigen Wesens verbunden nothwendig angenommen
werden müsse. Der Abschnitt beginnt mit den Worten:

„Der Wille ist eine Art von Causalität lebender Wesen, sofern sie vernünftig sind, und Freiheit würde diejenige Eigenschaft dieser Causalität sein, da sie unabhängig von fremden sie bestimmenden Ursachen wirkend sein kann". Diese Definition der Freiheit, wenn wir sie so nennen können, erklärt dieselbe zunächst nur nach ihrer negativen Seite, als Unabhängigkeit von der Bestimmung durch fremde Ursachen; Kant setzt sie durch diese Erklärung in Gegensatz zur Natur-Nothwendigkeit, welche ja „die Eigenschaft der Causalität aller vernunftlosen Wesen ist, durch den Einfluss fremder Ursachen zur Thätigkeit bestimmt zu werden". Wie nun aber die Causalität dieses freien Subjektes wirkt, ob überhaupt nach Gesetzen und nach welchen, darüber erfahren wir durch den Wortlaut jener Erklärung nichts. Und dennoch ist diese negative Erklärung nicht so unfruchtbar, wie es zunächst scheint; „es fliesst aus ihr ein positiver Begriff, der desto reichhaltiger und fruchtbarer ist". Wir wollen die wichtigen Sätze, in denen Kant diesen positiven Begriff entwickelt, vollständig hersetzen, weil wir in ihnen klarer und bestimmter als an irgend einer anderen Stelle seine Ansicht über das Wesen derjenigen Freiheit, die uns hier zunächst beschäftigt, ausgesprochen finden. „Da der Begriff einer Causalität den von den Gesetzen bei sich führt, nach welchen durch etwas, was wir Ursache nennen, etwas Anderes, nämlich die Folge, gesetzt werden muss; so ist die Freiheit, ob sie zwar nicht eine Eigenschaft des Willens nach Naturgesetzen ist, darum doch nicht gar gesetzlos, sondern muss vielmehr eine Causalität nach unwandelbaren Gesetzen, aber von besonderer Art, sein; denn sonst wäre ein freier Wille ein Unding. Die Natur-Nothwendigkeit war eine Heteronomie der wirkenden Ursachen; denn jede Wirkung war nur nach dem Gesetze möglich, dass etwas Anderes die wirkende Ursache zur Causalität bestimmte; was kann denn wohl die Freiheit des Willens sonst sein, als Autonomie, d. i. die Eigenschaft des Willens, sich selbst ein Gesetz zu sein? Der Satz aber: der Wille ist in allen Handlungen sich selbst ein Gesetz, bezeichnet nur das Prinzip, nach keiner anderen Maxime zu handeln, als die sich selbst

auch als ein allgemeines Gesetz zum Gegenstande haben
kann. Dies ist aber grade die Formel des kategorischen
Imperativs und das Prinzip der Sittlichkeit: also ist ein freier
Wille und ein Wille unter sittlichen Gesetzen einerlei" (Grundl.
pag. 74—75.). Zwei Momente sind es also, die hiernach das Wesen der
Freiheit ausmachen: 1) Unabhängigkeit von natürlichen Ursachen und 2) eigene Gesetzgebung, d. h. Causalität nach
eigenen, nämlich sittlichen Gesetzen. „Jene Unabhängigkeit ist Freiheit im negativen, diese eigene Gesetzgebung aber
der reinen, und als solche praktischen Vernunft ist Freiheit
im positiven Verstande" (Kr. d. pr. V. pag. 38.). Diese
beiden Momente werden in der Erfahrung, wo Alles nach
dem Gesetze der Natur-Nothwendigkeit verläuft, nicht gefunden, und Freiheit kann daher aus ihr nicht bewiesen werden:
aber sie sind nach Kant mit dem Begriffe eines vernünftigen Wesens verbunden, und bei einem solchen muss daher Freiheit vorausgesetzt werden. „Nun behaupte ich,
dass wir jedem vernünftigen Wesen, das einen Willen hat,
nothwendig auch die Idee der Freiheit leihen müssen, unter
der es allein handle. Denn in einem solchen Wesen denken
wir uns eine Vernunft, die praktisch ist, d. i. Causalität in
Ansehung ihrer Objekte hat. Nun kann man sich unmöglich
eine Vernunft denken, die mit ihrem eigenen Bewusstsein in
Ansehung ihrer Urtheile anderwärts her eine Lenkung em-
pfinge, denn alsdann würde das Subjekt nicht seiner Vernunft, sondern einem Antriebe die Bestimmung der Urtheils-
kraft zuschreiben" (Grundl. pag. 76—77.). Auch der Mensch
ist ein solches vernünftiges Wesen, und wenn auch die Freiheit als eine Eigenschaft seines Willens nicht theoretisch bewiesen werden kann, so muss sie doch bei ihm als einem
mit vernünftigem Willen begabten Wesen nothwendig angenommen werden. „Als ein vernünftiges, mithin zur intelligiblen Welt gehöriges Wesen kann der Mensch die Causalität
seines eigenen Willens niemals anders als unter der Idee der
Freiheit denken: denn Unabhängigkeit von den bestimmenden
Ursachen der Sinnenwelt (dergleichen die Vernunft jederzeit
sich selbst beilegen muss) ist Freiheit" (Ebd. pag. 82.). Schon

in der „Kritik der reinen Vernunft" hatte Kant gezeigt, dass
wenn Freiheit überhaupt möglich sei, sie es nur als intelligible, als Eigenschaft des dem erscheinenden Menschen zu
Grunde liegenden transscendentalen Subjektes sein könne.
Dieses transscendentale Subjekt ist aber der Mensch als vernünftiges Wesen; als solches muss er sich jedenfalls nicht
als zur Sinnen-, sondern zur Verstandeswelt gehörig ansehen,
und eben als einem Mitgliede dieser letztern kommt ihm nach
Kant Freiheit im obigen Sinne zu. Es wird uns das Verständniss der Kantischen Lehre erleichtern, wenn wir zunächst
von der andern, der sinnlichen Seite des Menschen ab-
sehen, ihn einstweilen lediglich als vernünftiges Wesen
uns denken. Dass er als solches von den Ursachen der
Sinnenwelt unabhängig ist, von ihnen nicht bestimmt wird,
ist klar, da er, als zu dieser nicht gehörig, auch ihren Gesetzen nicht unterworfen sein kann. Soll er also als vernünftiger Causalität haben, soll seine Vernunft praktisch
sein, so kann sie nur ihren eigenen Gesetzen gemäss wirken, d. h. sie ist autonom. Nicht ebenso einleuchtend ist
es auf den ersten Blick, dass diese ihre Gesetze keine anderen als die sittlichen sein können. Wer indess der Ent-
wicklung in den beiden ersten Abschnitten der „Grundlegung"
aufmerksam gefolgt ist, der wird auch in dieser Seite des
Freiheitsbegriffes nur eine wohlbegründete Consequenz der
Kantischen Gedanken erblicken können. Jede vernünftige
Natur existirt ja, wie Kant dort ausgeführt hatte, als absoluter Zweck, als Zweck an sich selbst. Da nun das vernünftige Wesen nicht nur sich, sondern ebenso jedes andere
Vernunftwesen so betrachten muss, so ergibt sich das Prinzip seines Willens, das Gesetz, das es sich als autonomes
selbst gibt, aus diesem Verhältniss vernünftiger Wesen zu
einander. Dieses Gesetz kann nämlich kein anderes sein als
ein solches, das zugleich für alle anderen vernünftigen Wesen
gelten kann. In dieser Allgemeinheit des Gesetzes aber,
in der Tauglichkeit der Maxime, sich zum allgemeinen Gesetze zu eignen, bestand eben, wie im II. Abschnitt dargelegt war, das Wesen des Sittengesetzes. Und so kann denn
Kant von seinen Voraussetzungen aus mit Recht sagen: „also

ist ein freier Wille und ein Wille unter sittlichen Gesetzen einerlei".

Was nun das Subjekt betrifft, dem die eben beschriebene Freiheit zukommt, so nennt Kant als solches bald den Willen, bald die (praktische) Vernunft, bald spricht er überhaupt von der Freiheit der vernünftigen Wesen. Wille und praktische Vernunft sind also nach ihm bei rein vernünftigen Wesen (und von solchen ist ja hier zunächst die Rede) ganz identisch. Ergibt sich diese Identität, wie gesagt, schon aus dem abwechselnden Gebrauche beider als Subjekt der Freiheit, so bestätigt sie Kant auch zu verschiedenen Malen ausdrücklich. „Sie (die Vernunft) muss sich selbst als Urheberin ihrer Prinzipien ansehen, folglich muss sie als praktische Vernunft oder als Wille eines vernünftigen Wesens von ihr selbst als frei angesehen werden" (Grundl. pag. 77). Aehnliche Stellen finden sich in der „Kritik der praktischen Vernunft", wo Kant den mit praktischer Vernunft identischen Willen auch als den reinen Willen bezeichnet. So heisst es pag. 37, die Vernunft halte „die Maxime des Willens bei einer Handlung jederzeit an den reinen Willen, d. i. an sich selbst, indem sie sich als a priori praktisch betrachtet". Ebenso pag. 66: „Die objektive Realität eines reinen Willens oder, welches einerlei ist, einer reinen praktischen Vernunft ist im moralischen Gesetze a priori gleichsam durch ein Faktum gegeben", und pag. 79 spricht er vom Bewusstsein „einer im moralischen Gesetze gebietenden praktischen Vernunft oder eines reinen Willens a priori". Diese Identität von Wille und Vernunft ist bei einem rein vernünftigen Wesen nicht wunderbar. Hier, wo der Wille keine Ablenkung durch andere Reize erfährt, kann er eben nur das Vernünftige wollen, das was die Vernunft für gut erachtet. Der Wille, „welcher eine Causalität ist, sofern Vernunft den Bestimmungsgrund derselben enthält" (Kr. d. pr. V. pag. 108), hat hier mit der Vernunft denselben Inhalt, ist also Vernunft, welche praktisch ist, d. h. Causalität hat, und seine Freiheit ist nichts Anderes als „Causalität der reinen Vernunft".

Was wir soeben als Kant's Lehre vom Willen und dessen

Verhältniss zur Vernunft darlegten, gilt von vernünftigen
Wesen überhaupt, bei denen die Vernunft ohne Hinderniss
praktisch sein kann. Nun ist aber der Mensch nicht ein bloss
vernünftiges, sondern zugleich ein sinnliches Wesen,
nicht nur Mitglied der Verstandes-, sondern auch der Sinnenwelt, und da gestaltet sich denn obiges Verhältniss bei ihm
wesentlich anders. Während bei ihm als intelligiblem Wesen
der Wille mit der Vernunft nothwendig übereinstimmt, wird
derselbe bei ihm als Sinnenwesen zugleich von Triebfedern
andrer Art, von sinnlichen Reizen afficirt, denen er folgen
kann, und ist daher nicht an sich der Vernunft völlig gemäss. Die Gesetze der Vernunft, die im intelligiblen Wesen
zugleich den Inhalt seines Willens ausmachen, machen sich
dem Willen des Sinnenwesens gegenüber als Imperative
geltend, denen er sich zum Gehorsam verpflichtet fühlt: dort
sind sie ein Wollen, hier ein Sollen. „Bestimmt die Vernunft für sich allein den Willen nicht hinlänglich, ist dieser
noch subjektiven Bedingungen (gewissen Triebfedern) unterworfen, die nicht immer mit den objektiven übereinstimmen,
mit einem Worte, ist der Wille nicht an sich völlig der
Vernunft gemäss (wie es bei Menschen wirklich ist), so sind
die Handlungen, die objektiv als nothwendig erkannt werden,
subjektiv zufällig, und die Bestimmung eines solchen Willens,
objektiven Gesetzen gemäss, ist Nöthigung ... Die Vorstellung eines objektiven Prinzips, sofern es für einen Willen
nöthigend ist, heisst ein Gebot (der Vernunft) und die Formel
des Gebots heisst Imperativ" (Grundl. pag. 34). Wir
haben in diesem Verhältniss zugleich die Antwort auf die
Frage, der die beiden letzten Abschnitte der „Grundlegung"
hauptsächlich gewidmet sind, die Frage: wie sind kategorische Imperative möglich? Sie sind es eben durch die Doppel-
stellung, welche der Mensch einnimmt, durch seine Doppelnatur als vernünftiges und zugleich sinnliches Wesen, als
Glied der Verstandes- und zugleich der Sinnenwelt. Ohne
diese Doppelnatur könnte von einem Sollen bei ihm keine
Rede sein. Denn wäre er bloss Glied der Sinnenwelt, so
würde all' sein Handeln auch nach den Gesetzen dieser er-
folgen, ohne dass ihm ein anderes Gesetz überhaupt zum

Bewusstsein käme; wäre er dagegen bloss Glied der Verstandeswelt, so würde er, wie wir oben sahen, das Gesetz
der Vernunft nicht als Zwang, nicht als Nöthigung empfinden,
da sein Wille dann von selbst mit demselben übereinstimmend
wäre. So aber stellen sich die Gesetze seiner höheren, vernünftigen Natur seiner niederen, sinnlichen als Imperative
dar, denen er zu gehorchen sich verpflichtet fühlt. Kant be-
rührt dieses Verhältniss der zwiefachen Natur des Menschen
an einer Reihe von Stellen, von denen wir zum Belege nur
eine hier anführen wollen: „Als blossen Gliedes der Verstandeswelt würden alle meine Handlungen dem Prinzip der Autonomie des reinen Willens vollkommen gemäss sein; als blossen
Stücks der Sinnenwelt würden sie gänzlich dem Naturgesetz
der Begierden und Neigungen, mithin der Heteronomie der
Natur gemäss genommen werden müssen. Weil aber die
Verstandeswelt den Grund der Sinnenwelt, mithin auch der
Gesetze derselben enthält, also in Ansehung meines Willens
(der ganz zur Verstandeswelt gehört) unmittelbar gesetzgebend
ist und also auch als solche gedacht werden muss, so werde
ich mich als Intelligenz, obgleich andererseits wie ein zur
Sinnenwelt gehöriges Wesen, dennoch dem Gesetze der ersteren d. i. der Vernunft, die in der Idee der Freiheit das Gesetz derselben enthält, und also der Autonomie des Willens
unterworfen erkennen, folglich die Gesetze der Verstandeswelt für mich als Imperativen und die diesem Prinzip ge-
mässen Handlungen als Pflichten ansehen müssen" (Grundl.
pag. 83.). So schwebt also der kategorische Imperativ nicht
haltlos in der Luft, sondern er hat sein Fundament in der
vernünftigen Natur des Menschen selbst; das Sittengesetz
gilt für uns, „da es aus unserem Willen als Intelligenz, mithin aus unserem eigentlichen Selbst entsprungen ist" (Ebd.
pag. 91), es ist also nur die Art, wie die Causalität der
reinen Vernunft, das freie Wollen des intelligiblen Menschen
in dem sinnlichen Ich zur Erscheinung kommt. „Dieses
Sollen ist eigentlich ein Wollen, das unter der Bedingung
für jedes vernünftige Wesen gilt, wenn die Vernunft bei ihm
ohne Hindernisse praktisch wäre; für Wesen, die, wie wir,

noch durch Sinnlichkeit als Triebfedern anderer Art afficirt
werden, bei denen es nicht immer geschieht, was die Vernunft für sich allein thun würde, heisst jene Nothwendigkeit
der Handlung nur ein Sollen, und die subjektive Nothwendigkeit wird von der objektiven unterschieden" (Ebd.
pag. 78). Zur Bestätigung dieser Theorie beruft sich Kant
auf den praktischen Gebrauch der gemeinen Menschenvernunft.
Jeder, selbst der ärgste Bösewicht, wenn man ihm Beispiele
sittlicher Gesinnung vorhalte, wünsche, dass er auch so gesinnt sein möchte, er könne es nur wegen seiner Neigungen
nicht wohl in sich zu Stande bringen, wobei er doch zugleich
den Wunsch habe, von solchen ihm selbst lästigen Neigungen
frei zu sein. „Er beweiset hierdurch also, dass er mit einem
Willen, der von Antrieben der Sinnlichkeit frei ist, sich in
Gedanken in eine ganz andere Ordnung der Dinge versetze,
als die seiner Begierden im Felde der Sinnlichkeit, weil er
von jenem Wunsche keine Vergnügung der Begierden, sondern
nur einen grösseren inneren Werth seiner Person erwarten
kann. Diese bessere Person glaubt er aber zu sein, wenn
er sich in den Standpunkt eines Gliedes der Verstandeswelt
versetzt, dazu die Idee der Freiheit d. i. Unabhängigkeit von
bestimmenden Ursachen der Sinnenwelt ihm unwillkürlich
nöthigt, und in welchem er sich eines guten Willens bewusst
ist, der für seinen bösen Willen, als Gliedes der Sinnenwelt,
nach seinem eigenen Geständnisse das Gesetz ausmacht,
dessen Ansehen er kennt, indem er es übertritt" (Ebd.
pag. 84). Und daraus wird dann gefolgert: „Das moralische
Sollen ist also eigenes nothwendiges Wollen als Gliedes einer
intelligiblen Welt und wird nur sofern von ihm als Sollen
gedacht, als er sich zugleich wie ein Glied der Sinnenwelt
betrachtet." Was wir bereits oben als Kant's Ansicht con-
statirten, ergibt sich auch aus dieser Schilderung wieder, dass
nämlich der Wille des Menschen als Gliedes einer intelligiblen
Welt ein guter Wille ist. Diesen Willen nennt er wenige
Seiten später (pag. 88) „das eigentliche Selbst" des Menschen
und sagt von ihm, dass er nichts auf seine Rechnung kommen
liesse, was bloss zu seinen Begierden und Neigungen gehöre;

ebenso nennt er dort den intelligiblen Menschen überhaupt,
den Menschen als Intelligenz „das eigentliche Selbst", während
er „als Mensch nur Erscheinung seiner selbst" sei.

Sehen wir nun zu, wie sich Kant bei dieser Doppelnatur
des Menschen die transscendentale Freiheit als wirksam
denkt. Dieselbe kommt dem Menschen allerdings nur nach
seiner intelligiblen Seite zu, ist eine Eigenschaft des transscendentalen Subjekts, aber doch eine Eigenschaft, deren
Wirkungen auch in der Erscheinung wahrgenommen
werden. Als eine solche Wirkung oder Erscheinung der Freiheit haben wir, wie aus unsrer obigen Darlegung hervorgeht,
zunächst das Sittengesetz anzusehen. In ihm offenbart
sich uns die Causalität der reinen Vernunft. „Dass
diese Vernunft nun Causalität habe, wenigstens wir uns eine
dergleichen an ihr vorstellen, ist aus den Imperativen klar,
welche wir in allem Praktischen den ausübenden Kräften als
Regeln aufgeben" (Kr. d. r. V. pag. 445). In der Causalität
der Vernunft aber bestand ja eben nach Kant die Freiheit
der vernünftigen Wesen. Die Vernunft, welche „reine Selbst-
thätigkeit" ist, gibt als freie, von Naturursachen unabhängig
das Gesetz; dieses ist, wie es Kant einmal darstellt, gewissermassen „das Selbstbewusstsein einer reinen praktischen
Vernunft" (Kr. d. pr. V. pag. 33). Dass diese Causalität der
Vernunft in vernünftigen Wesen eigentlich ein Wollen des
Sittlichen ist, das sich nur der sinnlichen Seite als ein
Sollen darstellt, wurde oben bereits erörtert. Diese Form der
Freiheit ist also identisch mit der Autonomie der prak-
tischen Vernunft.

Eine weitere Wirkung dieser transscendentalen Freiheit ist das Interesse, welches der Mensch am moralischen
Gesetze nimmt. Schon aus dem oben (pag. 12) angeführten
Beispiele Kant's vom Bösewicht ersahen wir, dass jeder
Mensch dem Sittengesetze innerlich zustimmt und den
Wunsch hat, ihm gemäss gesinnt zu sein. Dieses Interesse am Gesetz ist nach Kant eine Wirkung der Vernunft
auf die Sinnlichkeit des Menschen; die Vernunft hat und
offenbart hierdurch ein Vermögen, „ein Gefühl der Lust oder
des Wohlgefallens an der Erfüllung der Pflicht einzuflössen,

mithin eine Causalität derselben, die Sinnlichkeit ihren Prinzipien gemäss zu bestimmen" (Grundl. pag. 91). Wie diese Wirkung möglich sei, mithin wie die Sittlichkeit uns interessire, ist nach Kant ebensowenig zu begreifen wie die Möglichkeit der Freiheit überhaupt. Denn während wir sonst das Verhältniss von Ursache und Wirkung immer nur zwischen Gegenständen der Erfahrung kennen, ist hier „reine Vernunft durch blosse Ideen (die gar keinen Gegenstand für Erfahrung abgeben) die Ursache von einer Wirkung, die in der Erfahrung liegt" (Ebd. pag. 91).

Wie verhält sich nun aber diese transscendentale Freiheit zu den Handlungen des Menschen in der Erscheinung? Können auch diese als von ihr bewirkt, mithin als freie angesehen werden? Das die Handlungen unmittelbar Hervorbringende ist der Wille, welchen Kant definirt als „die Causalität des vernünftigen Wesens in Ansehung der Wirklichkeit der Objekte" (Kr. d. pr. V. pag. 53). Dieser Wille, den er sehr häufig auch als Willkür bezeichnet, ist nun aber bei einem pathologisch afficirten Wesen, wie der Mensch es ist, nicht von selbst mit der Vernunft übereinstimmend, sondern es kann in ihm ein Widerstreit der Maximen wider die Gesetze derselben stattfinden. Aber ebensowenig sind seine Handlungen durch die Bewegursachen der Sinnlichkeit nothwendig bestimmt; wären sie dies, so wäre er thierische Willkür (arbitrium brutum); so aber ist er nur pathologisch afficirt, nicht necessitirt, also arbitrium liberum, ein Vermögen, sich unabhängig von der Nöthigung durch Antriebe der Sinnlichkeit von selbst zu bestimmen. Und in diesem Vermögen besteht eben die praktische Freiheit. „Die Freiheit im praktischen Verstande ist die Unabhängigkeit der Willkür von der Nöthigung durch Antriebe der Sinnlichkeit" (Kr. d. r. V. pag. 436). Wenn nun bei einer Handlung der Wille nicht durch sinnliche Antriebe bestimmt wird, so wird er es durch das sittliche Gesetz oder m. a. W. durch die Vernunft, welche durch das Gesetz auf ihn wirkt und sich so als praktisch erweist. Wie reine Vernunft, ohne andere Triebfedern für sich selbst praktisch sein kann, ist nicht zu erklären. Dass sie es aber ist, unterliegt nach Kant keinem

Zweifel. Denn der Mensch ist sich seiner Unabhängigkeit von bestimmenden Begierden und Neigungen mit Sicherheit bewusst, er „denkt Handlungen durch sich als möglich, die nur mit Hintansetzung aller Begierden und sinnlichen Anreizungen geschehen können. Die Causalität derselben liegt in ihm als Intelligenz und in den Gesetzen der Wirkungen und Handlungen nach Prinzipien einer intelligiblen Welt, von der er wohl nichts weiter weiss, als dass darin lediglich die Vernunft das Gesetz gebe" (Grundl. p. 88). Das Mittel, durch welches die Vernunft auf den Willen wirkt, ist jenes Interesse am moralischen Gesetz oder, wie es in der „Kritik der praktischen Vernunft" auch dargestellt wird, die Achtung vor demselben, die sie im Menschen erzeugt. Ist dieses Interesse stark genug, um die Neigungen als Triebfedern des Willens nicht aufkommen zu lassen, so wird dieser lediglich durch das sittliche Gesetz bestimmt und seine Handlung ist dem letzteren gemäss. Und eine solche Handlung ist in Kant's Sinne frei, denn hier hat Vernunft als praktische, unabhängig von jedem Einflusse sinnlicher Triebfedern und lediglich nach ihrem eigenen d. h. sittlichen Gesetze den Willen bestimmt. Wie aber haben wir uns dieses ihr Wirken nach Kant's Ansicht zu denken? Nicht etwa so, als ob sie bei jeder erscheinenden Handlung selbst wirksam zu sein anfinge, als ob unsere Handlungen gleichsam unmittelbar aus der Vernunft hervorbrächen. Im intelligiblen Subjekt kann ja nach Kant nichts anfangen, überhaupt nichts geschehen und sich verändern, da dasselbe gar nicht unter Zeitbedingungen steht. „Von der Vernunft kann man nicht sagen, dass vor demjenigen Zustande, darin sie die Willkür bestimmt, ein anderer vorhergehe, darin dieser Zustand selbst bestimmt wird. Denn da Vernunft selbst keine Erscheinung und gar keinen Bedingungen der Sinnlichkeit unterworfen ist, so findet in ihr selbst in Betreff ihrer Causalität keine Zeitfolge statt" (Kr. d. r. V. pag. 449). Diese Causalität kann also nur als eine beharrliche, stets vorhandene gedacht werden, als ein nie ruhendes, zum Wesen des vernünftigen Menschen gehörendes Wirken. Die Vernunft ist, wie es an der eben angeführten

Stelle weiter heisst, „die beharrliche Bedingung aller willkür-
lichen Handlungen, unter denen der Mensch erscheint." Entweder bestimmt sie durch ihre Causalität diese Handlungen selbst, oder, wo sie dies nicht thut, kündigt sie sich
doch durch das gebietende Sittengesetz vor und durch das
schlagende Gewissen nach einer ungesetzlichen That als in
uns vorhanden an.

Dies also ist Kant's Lehre von der transscendentalen
Freiheit, der Freiheit der Vernunft oder des reinen Willens,
wie wir sie vornehmlich in der „Grundlegung", aber auch
an manchen anderen Stellen von ihm vertreten finden. Es
ergibt sich nun aus dieser Lehre, consequent festgehalten,
eine für Kant's Auffassung höchst wichtige Folgerung, dass
nämlich eigentlich nur die sittlichen Handlungen nach
dieser Theorie als freie, von dem vernünftigen Subjekt ver-
ursachte betrachtet werden können, während die unsitt-
lichen als durch andere, nämlich sinnliche Ursachen
bestimmte anzusehen sind. Kant hat diese Folgerung in der
„Grundlegung" zwar nicht ausdrücklich ausgesprochen, aber
sie ergibt sich unabweislich aus seinen Prämissen. Die Freiheit, wie wir sie oben als Kantisch darlegten, ist ja kein
Willkürvermögen, so oder so zu handeln, sondern sie ist die
sittliche Freiheit, die Causalität des vernünftigen
Menschen, unabhängig von sinnlichen Ursachen nach seinen
eigenen Gesetzen zu wirken. Diese Gesetze sind aber, wie
wir sahen, die sittlichen, und es kann daher auch das
Wirken dieser Causalität, wo es in Handlungen zur Erscheinung kommt, kein andres als ein sittliches sein.
Tragen manche unsrer Handlungen einen anderen Charakter
an sich, so müssen dieselben auf eine andere Ursache zurückzuführen, so muss unser Wille bei Ausübung derselben
dem Einflusse der Vernunft entzogen und durch anderweitige
Gründe bestimmt gewesen sein. Ist dieser Gedanke auch in
der „Grundlegung", wo man es erwarten sollte, von Kant
nicht ausdrücklich hervorgehoben, so fehlt er doch auch bei
ihm nicht ganz; namentlich bildet er im § 53 der „Prolego-
mena zu einer jeden künftigen Metaphysik", wo das Problem
der Freiheit kurz behandelt wird, die Voraussetzung und

wird auch gradezu dort ausgesprochen. So heisst es pag. 107: „Das Naturgesetz bleibt, es mag nun das vernünftige Wesen aus Vernunft, mithin durch Freiheit, Ursache der Wirkungen der Sinnenwelt sein, oder es mag diese auch nicht aus Vernunftgründen bestimmen. Denn ist das Erste, so geschieht die Handlung nach Maximen, deren Wirkung in der Erscheinung jederzeit beständigen Gesetzen gemäss sein wird; ist das Zweite und die Handlung geschieht nicht nach Prinzipien der Vernunft, so ist sie den empirischen Gesetzen der Sinnlichkeit unterworfen, und in beiden Fällen hängen die Wirkungen nach beständigen Gesetzen zusammen. Aber im ersten Falle ist Vernunft die Ursache dieser Naturgesetze und ist also frei, im zweiten Falle laufen die Wirkungen nach blossen Naturgesetzen der Sinnlichkeit, darum weil die Vernunft keinen Einfluss auf sie ausübt; sie, die Vernunft wird aber darum nicht selbst durch die Sinnlichkeit bestimmt (welches unmöglich ist) und ist daher auch in diesem Falle frei." Die hervorgehobenen Stellen bestätigen unsere obige Darlegung. In den Worten: „aus Vernunft, mithin durch Freiheit" erklärt Kant ein vernünftiges (also sittliches) und ein freies Handeln als identisch. Die nicht vernunftgemässen Handlungen aber erklärt er für Wirkungen blosser Naturgesetze der Sinnlichkeit, „darum weil die Vernunft keinen Einfluss auf sie ausübt."

Woher kommt es nun aber, dass die Vernunft auf manche unserer Handlungen keinen Einfluss ausübt? Ein Vermögen, beliebig bald hervorzutreten bald nicht, können wir ihr nach dem oben Ausgeführten nicht beilegen, da sie Kant ja für eine beharrliche Causalität erklärt hat. Wenn sie also trotzdem in manchen (nämlich den nichtsittlichen) Handlungen nicht zur Erscheinung kommt, so muss dieses an anderen, von ihr verschiedenen Ursachen liegen, die ihr Hervortreten zeitweise verhindern. So wurde die Sache auch zu Kant's Lebzeiten schon von mehreren seiner Anhänger aufgefasst, welche die oben dargestellte Freiheitslehre acceptirten und in diesem Sinne fortzubilden versuchten. So sagt z. B. Carl Christian Ehrhard Schmid, der seine Freiheits-Theorie ausdrücklich als mit der Kantischen vollkommen

übereinstimmend erklärt: „Wenn es [das sinnlich vernünftige
Wesen] nicht vernünftig handelt, so muss etwas, das der
Sinnlichkeit und ihren Erscheinungen in der Zeit zum Grunde
liegt, angenommen werden, welches zwar nicht die Vernunft
und ihr Gesetz ändern, aber doch den Erfolg desselben in
der Erscheinung unmöglich machen kann. Denn sonst wäre
es undenkbar, dass die Vernunft, für sich selbst betrachtet,
nicht mit Erfolg wirksam gewesen wäre" [1]). Welcher Art
dieses der Sinnlichkeit zu Grunde liegende Intelligible, wie
und in welchem Grade es im Stande sei, die Vernunft in
ihrer Wirksamkeit einzuschränken, bleibe uns freilich ver-
borgen; „unsere Vorstellung davon ist blos analogisch: wie
sich verhält die Erscheinung der Moralität zu der Erscheinung
der Immoralität, so verhalten sich Vernunft an sich selbst
und das Intelligible, welches der Sinnlichkeit zum Grunde
liegt, zu einander". (Ebd. pag. 484.) Ebenso erklärt Creuzer,
der Kant's Lehre von der sittlichen Freiheit gleichfalls zu der
seinigen gemacht hat, dass alle nichtsittlichen und alle un-
sittlichen Handlungen nicht in der moralischen Freiheit, sondern vielmehr in dem Mangel derselben gegründet sein
müssen [2]). Er will diesen Mangel zwar nicht, wie Schmid,
aus dem Uebergewicht des der sinnlichen Seite des Menschen
zu Grunde liegenden Intelligiblen über die Vernunft herleiten,
weil damit ein Zwiespalt im intelligiblen Ich selbst gesetzt
sein würde, sondern aus der Einschränkung, welche die über
die übrigen Kräfte des Ich wirklich prädominirende Vernunft
durch die übrigen Dinge an sich erleidet. „Unmora-
lische Handlungen", sagt er, „müssten wir von den übrigen
Dingen an sich ableiten, die den Stoff zu unseren Vorstellungen hergeben und durch die ihnen eigene Form unsere
Vernunft hindern, die ihr eigene Form an dem von ihnen
erhaltenen Stoffe hervorzubringen" [3]). Aber mag man diesen
Mangel, dieses Nichtwirken der Vernunft erklären wie man

---

1) C. Chr. E. Schmid, Versuch einer Moralphilosophie. 3. Ausgabe,
Jena 1795, pag. 522.
2) Leonhard Creuzer, Skeptische Betrachtungen über die Freiheit des
Willens, Giessen 1793, pag. 181.
3) a. a. O. pag. 214.

will, mag man sie durch das der Sinnlichkeit zu Grunde liegende Intelligible oder durch andere intelligible Dinge eingeschränkt sein lassen, es kommt dabei immer ein intelligibler Fatalismus heraus. Die unmoralischen Handlungen sind dann nicht auf die Vernunft oder den reinen Willen, sondern auf irgend etwas Anderes zurückzuführen, sie wären nicht vorhanden, wenn das intelligible Ich in seiner Wirksamkeit nach seinen eigenen Gesetzen nicht eingeschränkt gewesen wäre; und daraus ergibt sich denn mit Nothwendigkeit, dass sie dem Ich auch nicht zugerechnet werden dürfen. Zu diesem Resultate führt also die Freiheitslehre der „Grundlegung", wenn man sie wirklich bis zu Ende denkt. Hat Kant diese Consequenzen auch nicht selbst gezogen, so hat er doch das Unzulängliche seiner Lehre gefühlt. Denn nur so ist es zu erklären, dass er dieselbe in seinen anderen Schriften durch die Lehren vom intelligiblen und empirischen Charakter sowie vom radikalen Bösen ergänzte, Theorien, die offenbar in dem Bestreben ihren Grund haben, seine Freiheitslehre mit dem die Zurechnung aller Handlungen fordernden sittlichen Bewusstsein in Uebereinstimmung zu bringen.

III. Der intelligible und empirische Charakter.

In der „Kritik der reinen Vernunft" hatte Kant bei der Auflösung der III. Antinomie die Vereinbarkeit von Freiheit und Nothwendigkeit behauptet. Um die Möglichkeit einer solchen Vereinbarkeit zu begründen, stellte er ebendort auch die Lehre vom intelligiblen und empirischen Charakter auf, die er dann in der „Kritik der praktischen Vernunft" in dem Abschnitt „Kritische Beleuchtung der Analytik der reinen praktischen Vernunft" wiederholt und, wie auch im I. Stück der „Religion i. d. Grenzen der blossen Vernunft", weiter fortbildet.

Freiheit als „das Vermögen, einen Zustand von selbst anzufangen", würde, wenn alle Causalität in der Sinnenwelt bloss Natur wäre, unmöglich sein, da hier nach den Resultaten der transscendentalen Analytik jede Begebenheit durch eine andere in der Zeit nach nothwendigen Gesetzen bestimmt ist. Sie ist also nur möglich als intelligibles Vermögen, nämlich so, dass eine Erscheinung in der Sinnenwelt „an sich selbst auch ein Vermögen hat, welches kein Gegenstand der sinnlichen Anschauung ist, wodurch es aber doch die Ursache von Erscheinungen sein kann" (Kr. d. r. V. pag. 439). Ein solches Wesen ist der Mensch; man kann also seine Causalität auf zwei Seiten betrachten, als „intelligibel nach ihrer Handlung, als eines Dinges an sich selbst, und als sensibel nach den Wirkungen derselben, als einer Erscheinung in der Sinnenwelt." Nun nennt Kant an einer wirkenden Ursache das Gesetz ihrer Causalität ihren Charakter, und er legt demnach einem Subjekte der Sinnenwelt einen doppelten Charakter bei, einen empirischen und intelligiblen. Der empirische ist der Charakter desselben in der Erscheinung, der intelligible sein Charakter als eines Dinges an sich selbst. Nach seinem empirischen Charakter ist ein solches Subjekt nichts weiter als ein Theil der Sinnenwelt und als solcher der Causalverbindung unterworfen, seine Handlungen stehen also, wie jede Erscheinung, wieder mit anderen Erscheinungen nach beständigen Naturgesetzen in Zusammenhang und können von ihnen als ihren Bedingungen abgeleitet werden. Nach seinem intelligiblen Charakter aber wäre dasselbe Subjekt doch von allem Einfluss der Sinnlichkeit, von jeder Bestimmung durch Erscheinungen und demgemäss von aller Natur-Nothwendigkeit, welche bloss in der Sinnlichkeit angetroffen wird, unabhängig und frei. „Man würde von ihm ganz richtig sagen, dass es seine Wirkungen in der Sinnenwelt von selbst anfange, ohne dass die Handlung in ihm selbst anfängt; und dieses würde gültig sein, ohne dass die Wirkungen in der Sinnenwelt darum von selbst anfangen dürfen, weil sie in derselben jederzeit durch empirische Bedingungen in der vorigen Zeit, aber doch nur vermittelst des empirischen Charakters (der bloss die Erscheinung des intelligiblen ist) vorher bestimmt und nur als eine Fortsetzung der Reihe der Naturursachen möglich sind" (Ebd. pag. 441). So glaubt Kant Freiheit und Natur-Nothwendigkeit vereinigen, sie bei ebenderselben Handlung, je nachdem man diese von ihrer intelligiblen oder sensiblen Ursache ableitet, zugleich annehmen zu können.

Wie nun haben wir uns diese Vereinigung zu denken? Jede unserer Handlungen soll einerseits blosse Naturwirkung sein, „aus ihrer Ursache in der Erscheinung nach Naturgesetzen vollkommen erklärt werden können" (Kr. d. r. V. pag. 444), während sie andererseits zugleich als „die unmittelbare Wirkung des intelligiblen Charakters der reinen Vernunft" betrachtet werden müsse (Ebd. pag. 450). Sollen wir also für eine solche Handlung zwei zureichende Ursachen annehmen, von denen jede dieselbe allein und vollständig als ihre Wirkung zu Stande bringt? So hat man Kant häufig verstanden, z. B. J. H. v. Kirchmann in seinen Erläuterungen zur Kritik der reinen Vernunft, pag. 77; ebenso E. v. Hartmann, der schon durch einen Schluss aus dieser zweifachen Ursache Kant's Lehre von der Freiheit widerlegen zu können glaubt. Er schliesst nämlich aus der sich stets wiederholenden Gleichheit der Wirkung der einer Erscheinung zu Grunde liegenden beiden Ursachen, der transscendenten und der immanenten, dass hier nicht ein Zufall, sondern eine prästabilirte Harmonie walte: die transscendente Ursache sei so präformirt, dass sie mit der nothwendigen Wirkung der immanenten Ursache übereinstimmen müsse, könne also nicht, wie Kant es doch wolle, ein absoluter Anfang, eine freie Initiative sein [1]). Hartmann hätte Recht, wenn seine Voraussetzung richtig wäre. Das ist nun aber nicht der Fall. Es ist gar nicht Kant's Meinung, dass es für eine Wirkung zwei verschiedene Ursachen gäbe, deren jede dieselbe für sich allein hervorbrächte. Eine solche Annahme widerspräche dem Begriffe der Ursachlichkeit, welcher für jede Wirkung eben nur eine causa sufficiens (resp. das Zusammenwirken verschiedener Partikular-Ursachen) fordert, nicht mehr und nicht weniger. Wenn Kant von der intelligiblen und sensiblen Ursache einer Handlung redet, so meint er damit nicht zwei verschiedene parallele Ursachen, die von einander unabhängig jede für sich jene Handlung hervorbringen, sondern es ist dies nur eine doppelte Betrachtungsweise der einen Ursache,

---

1) Ed. v. Hartmann. Kritische Grundlegung des transcendentalen Realismus, Berlin 1875, pag. 75. Vergl. auch dessen: Phänomenologie des sittlichen Bewusstseins, Berlin 1879, pag. 471.

welche die Handlung erzeugt. So wenig der Mensch selbst
als Noumenon und Phänomenon ein doppelter, zweifacher
Mensch ist, ebensowenig ist sein intelligibler und empirischer
Charakter eine doppelte, zweifache Ursache; die Causalität
desselben wird durch diese Unterscheidung nur doppelt, von
zwei verschiedenen Seiten aus betrachtet. Kant sagt dies
deutlich in den bereits angeführten Worten: „so kann man
die Causalität dieses Wesens auf zwei Seiten betrachten, als
intelligibel nach ihrer Handlung, als eines Dinges an sich
selbst, und als sensibel nach den Wirkungen derselben, als
einer Erscheinung in der Sinnenwelt". (Kr. d. r. V., pag. 439.)
Ebenso spricht er pag. 443 nur von der Causalität der Ursache und bestimmt dieselbe näher dahin, dass sie „nicht lediglich empirisch" sei. Wir wollen diese wichtige Stelle, in
der uns Kant's Ansicht über das Verhältniss dieser beiden
Seiten der menschlichen Causalität am klarsten niedergelegt
zu sein scheint, vollständig hier folgen lassen: „Ist es denn
aber auch nothwendig, dass wenn die Wirkungen Erscheinungen
sind, die Causalität ihrer Ursache, die (nämlich Ursache) selbst
auch Erscheinung ist, lediglich empirisch sein müsse? und ist
es nicht vielmehr möglich, dass, obgleich zu jeder Wirkung
in der Erscheinung eine Verknüpfung mit ihrer Ursache nach
Gesetzen der empirischen Causalität allerdings erfordert wird,
dennoch diese empirische Causalität selbst, ohne ihren Zusammenhang mit den Naturursachen im Mindesten zu unter-
brechen, doch eine Wirkung einer nichtempirischen, sondern
intelligiblen Causalität sein könne? d. i. einer, in Ansehung
der Erscheinungen, ursprünglichen Handlung einer Ursache,
die also in sofern nicht Erscheinung, sondern diesem Vermögen nach intelligibel ist, ob sie gleich übrigens gänzlich
als ein Glied der Naturkette mit zu der Sinnenwelt gezählt
werden muss." Dasjenige also, was wir als das die Handlung Hervorbringende zunächst anzusehen haben, ist die empirische Causalität des Menschen oder, anders ausgedrückt,
sein Wille, seine Willkür. Wie aber Alles in der Sinnenwelt
nur Erscheinung eines an sich Seienden, wie demgemäss auch
der Mensch nur Erscheinung seiner selbst als Dinges an sich
ist, so ist auch diese empirische Causalität nur die Erscheinung

oder, wie Kant hier sagt, die Wirkung einer nicht empirischen, intelligiblen Causalität, die causa phaenomenon Erscheinung der causa noumenon. Diesem Verhältnisse ganz entsprechend ist denn auch das des empirischen und intelligiblen Charakters. Der empirische Charakter ist ja, wie wir sahen, das Gesetz, nach welchem die empirische Causalität wirkt, und wie diese selbst, so weist deshalb auch er auf etwas dahinter liegendes Intelligibles zurück, dessen Erscheinung er ist. Dieses ist eben der intelligible Charakter; und ihn nennt Kant deshalb „die transscendentale Ursache" des empirischen (Ebd. pag. 444), während er diesen als „das sinnliche Zeichen" (pag. 445) oder „das sinnliche Schema" (pag. 450) von jenem bezeichnet. Vermöge dieses Verhältnisses kann er die menschlichen Handlungen dem transscendentalen Subjekte zuschreiben, sie eine Wirkung des intelligiblen Charakters nennen. Denn wenn wir auch von der Beschaffenheit dieser intelligiblen Ursache nichts wissen, jedenfalls haben wir uns darunter das zu denken, was unserem empirischen Wollen zu Grunde liegt, dessen Erscheinung das empirische Wollen ist und worauf also auch die Wirkungen des letzteren als auf ihren eigentlichen und letzten Grund zurückzuführen sind. Als Erscheinungen freilich hängen diese Wirkungen wieder mit anderen Erscheinungen zusammen, durch die sie bedingt sind. Wenn ein Mensch überhaupt will, so will er stets Etwas, d. h. es ist eine Veranlassung, ein Objekt seines Wollens da, welches Erscheinung ist. Dass er solchen veranlassenden Erscheinungen gegenüber sich so verhält, wie er es thut, darauf als auf Reize gerade so und nicht anders reagirt, das ist eben sein empirischer Charakter, und diese beiden Faktoren, veranlassende Ursachen und empirischer Charakter, bringen demnach die Handlung, und zwar mit Nothwendigkeit, hervor. Aber diese Art des empirischen Willens, sich den Objekten gegenüber zu verhalten, ist nur die Erscheinung einer intelligiblen Beschaffenheit, der ethischen Willensqualität des transscendentalen Subjekts oder des Noumenon. Allerdings enthält der empirische Charakter nach Kant's Ansicht auch Bestandtheile, die nur als das Produkt äusserer Ursachen anzusehen sind. So sagt er z. B. pag. 450, man gehe, um eine schlechte Handlung zu erklären, den empirischen Charakter eines Menschen „bis zu den Quellen desselben durch, die man in der schlechten Erziehung, übler Gesellschaft, zum Theil auch in der Bösartigkeit eines für Beschämung unempfindlichen Naturells aufsucht, zum Theil auf den Leichtsinn und Unbesonnenheit schiebt." Aber was nach Abzug solcher Bestandtheile als der eigentliche moralische Kern des Chrakters übrig bleibt, durch den auch die grössere oder geringere Wirkung solcher äusseren Einflüsse auf seine Bildung bereits mitbestimmt wird, das ist nach Kant doch Erscheinung eines Intelligiblen; das Noumenon des Subjekts enthält „gewisse Bedingungen, die als bloss intelligibel müssen angesehen werden" (Ebd. pag. 444). Und wenn auch „Niemand ergründen kann, wie viel vom empirischen Charakter reine Wirkung der Freiheit, wie viel der blossen Natur und dem unverschuldeten Fehler des Temperaments oder dessen glücklicher Beschaffenheit zuzuschreiben sei" (pag. 448, Anm.), so steht das doch fest: „ein anderer intelligibler Charakter würde einen anderen empirischen gegeben haben" (pag. 452). Dieser intelligible Charakter ist deshalb als das die Handlungen in letzter Instanz verursachende anzusehen, er ist für dieselben, soweit sie der moralischen Beurtheilung unterliegen, verantwortlich und ihm müssen sie also moralisch zugerechnet werden.

Wir haben uns bisher bei der Darstellung der Lehre vom intelligiblen und empirischen Charakter ausschliesslich an die „Kritik der reinen Vernunft" gehalten, weil hier diese Lehre in ihrer ursprünglichsten und zugleich ausführlichsten Form vorliegt. Machen wir hier einstweilen Halt und sehen zu, ob sie in dieser Form leistet, was Kant mit ihr bezweckt. Eines hat er ohne Zweifel durch dieselbe erreicht: er hat für die menschlichen Handlungen, trotz ihres Bedingtseins durch Erscheinungen, eine Causalität gefunden, die über die Erscheinungen hinausliegt, er hat gezeigt, dass diese Handlungen in letzter Instanz nicht durch Erscheinungen, sondern durch ein Intelligibles hervorgebracht werden, das den Erscheinungen zu Grunde liegt, durch sie selbst also nicht bedingt sein kann. Er fasst dieses Resultat seiner Untersuchung dort selbst in

die Worte zusammen: „Wir können also mit der Beurtheilung
freier Handlungen in Ansehung ihrer Causalität nur bis an
die intelligible Ursache, aber nicht über dieselbe hinaus
kommen; wir können erkennen, dass sie frei, d. i. von der
Sinnlichkeit unabhängig bestimmt, und auf solche Art die
sinnlich unbedingte Bedingung der Erscheinungen sein könne".
(Ebd. pag. 452.) Eine „sinnlich unbedingte Bedingung"
unserer Handlungen, das ist es, was Kant durch seine Lehre
vom intelligiblen Charakter erreicht. Die intelligible Ursache
oder, wie er hier in gleicher Bedeutung auch sagt, die Vernunft „handelt frei, ohne in der Kette der Naturursachen
durch äussere oder innere, aber der Zeit nach vorhergehende
Gründe dynamisch bestimmt zu sein" (Ebd. pag. 450). Sie
handelt frei, — was versteht Kant unter dieser Freiheit?
Vor Allem erhebt sich hier die Frage: will er mit dieser Freiheit
des Handelns, die er vom intelligiblen Subjekte aussagt, dem
Menschen ein liberum arbitrium indifferentiae beilegen, ein
Vermögen in jedem Augenblicke willkürlich diese oder die
entgegengesetzte Handlung zu vollbringen? Auf Grund der
Aeusserungen in der „Kritik der reinen Vernunft" muss diese
Frage jedenfalls entschieden verneint werden. Mit aller nur
wünschenswerthen Bestimmtheit ist dort erklärt, dass jede
Handlung aus dem empirischen Charakter und den auf ihn
einwirkenden Ursachen nach dem Causalgesetze mit Natur-
nothwendigkeit hervorgehe. „Weil dieser empirische Charakter
selbst aus den Erscheinungen als Wirkung und aus der Regel
derselben, welche Erfahrung an die Hand gibt, gezogen werden
muss, so sind alle Handlungen des Menschen in der Erscheinung aus seinem empirischen Charakter und den mitwirkenden
anderen Ursachen nach der Ordnung der Natur bestimmt,
und wenn wir alle Erscheinungen seiner Willkür bis auf den
Grund erforschen könnten, so würde es keine einzige menschliche Handlung geben, die wir nicht mit Gewissheit vorher-
sagen und aus ihren vorhergehenden Bedingungen als nothwendig erkennen könnten. In Ansehung dieses empirischen
Charakters gibt es also keine Freiheit, und nach diesem
können wir doch allein den Menschen betrachten, wenn wir
lediglich beobachten und, wie es in der Anthropologie

geschieht, von seinen Handlungen die bewegenden Ursachen physiologisch erforschen wollen" (pag. 447). Geht aber die Handlung gerade so, wie sie erfolgt, mit Naturnothwendigkeit aus dem empirischen Charakter hervor, so kann die Freiheit des diesem empirischen Charakter zu Grunde liegenden intelligiblen nicht als ein Vermögen gedacht werden, diese Handlung in demselben Momente zu unterlassen oder zu einer gerade entgegengesetzten zu gestalten. Was Kant hier als das Wesen der intelligiblen Freiheit sich denkt, ersehen wir aus den Worten, mit denen er diesen Begriff zu erläutern versucht: „diese ihre Freiheit kann man nicht allein negativ als Unabhängigkeit von empirischen Bedingungen ansehen (denn dadurch würde das Vernunftvermögen aufhören, eine Ursache der Erscheinungen zu sein), sondern auch positiv durch ein Vermögen bezeichnen, eine Reihe von Begebenheiten von selbst anzufangen" (pag. 450). Wie wir oben sahen, müssen wir uns die Causalität des transscendentalen Subjekts, wenn wir auch nichts von derselben wissen, doch dem empirischen Willen, dem sie zu Grunde liegt, analog denken, wenn wir sie überhaupt sollen denken können, also ebenfalls als ein Wollen. Die Freiheit dieses intelligiblen Wollens besteht also nach der eben angeführten Stelle in einem Doppelten: 1) darin, dass dasselbe von empirischen Bedingungen vollständig unabhängig, in seiner Beschaffenheit durch solche nicht beeinflusst, sondern allem Empirischen gegenüber ein Ursprüngliches ist; 2) darin, dass es in seinem intelligiblen Sein nicht verbleibt, sondern im empirischen Charakter auch in die Erscheinung tritt und so durch diesen unsere Handlungen bewirkt. Wenn Kant dieses letztere als ein Anfangen einer Reihe von Begebenheiten bezeichnet, wenn er die intelligible Ursache überhaupt handeln lässt. so gebraucht er diese Prädikate in einem uneigentlichen Sinne. Denn während sie Funktionen bedeuten, welche die Zeit zur Bedingung ihrer Möglichkeit haben, erklärt er das intelligible Subjekt ausdrücklich für ausserzeitlich, der Zeitform und den Bedingungen der Zeitfolge nicht unterworfen. Das Anfangen soll sich also nicht auf die intelligible Causalität selbst, sondern auf ihre Wirkung in der Erscheinung beziehen, wie er a. a. O.

erläuternd hinzufügt: „so dass in ihr selbst nichts anfängt, sondern sie, als unbedingte Bedingung jeder will-
kürlichen Handlung, über sich keine der Zeit nach vorhergehende Bedingungen verstattet, indessen dass doch ihre Wirkung
in der Reihe der Erscheinungen anfängt, aber darin niemals
einen schlechthin ersten Anfang ausmachen kann." Jenes
intelligible Wollen kann deshalb auch gar nicht ein Wollen
einzelner empirischer Handlungen sein, weil es als
solches ja an der Zeitform Theil haben müsste, sondern es
kann folgerichtig nur als ein Wollen von Principien, von
allgemeinen Grundsätzen gedacht werden. In diesen
Grundsätzen bestünde demnach der intelligible Charakter,
den Kant deshalb auch die Denkungsart nennt; und da
nun der empirische Charakter (die Sinnesart) seinem wesentlichen Bestandtheile nach die Erscheinung des intelligiblen
ist, so wäre auch er und die von ihm ausgehenden Handlungen im Allgemeinen nur die Art, wie sich jene Grundsätze des intelligiblen Wollens in der Erscheinung ausprägen,
so dass Kant dieses letztere als die eigentliche Ursache der
Handlungen zu erklären berechtigt ist. Die Freiheit dieses
intelligiblen Wollens aber bezeichnet nicht ein Vermögen, die
Erscheinungen beliebig so oder anders zu gestalten, sondern
sie bedeutet nur, dass es den Handlungen als unbedingte
Bedingung zu Grunde liegt; die Art, wie es sich in den
Handlungen äussert, kann nur als eine seinem Wesen entsprechende, also durchaus gesetzmässige und nothwendige
angenommen werden. — Im intelligiblen Wollen hat Kant
also für die Handlungen eine Ursache gefunden, bei der man
stehen bleiben kann, da dasselbe über die Erscheinungen
hinausliegt, allem Empirischen gegenüber ein Unbedingtes, Ursprüngliches ist. Die Beschaffenheit dieses intelligiblen Wollens,
nach deren Woher hier nicht weiter gefragt wird, das Gesetz
seiner Causalität oder der intelligible Charakter ist der letzte
Grund, auf den man bei der Frage nach dem Ursprunge
der menschlichen Handlungen zurückgeführt wird. Während
man bei jeder empirischen Ursache weiter zurückgehen muss
und für sie wieder eine Ursache in der Erscheinung findet,
hat man an der intelligiblen Ursache einen Ruhepunkt, über

den man nicht weiter hinauszugehen braucht; wie für alles
Empirische, so ist auch für die menschlichen Handlungen auf
die Frage nach ihrem Woher die letzte und einzig befriedi-
gende Antwort: das ihnen zu Grunde liegende Intelligible.
„Daher kann man nicht fragen: warum hat sich nicht die
Vernunft anders bestimmt? sondern nur, warum hat sie die
Erscheinungen durch ihre Causalität nicht anders bestimmt?
Darauf aber ist keine Antwort möglich. Denn ein anderer
intelligibler Charakter würde einen anderen em-
pirischen gegeben haben" (Kr. d. r. V., pag. 451).

Dieses Resultat der Lehre vom intelligiblen Charakter,
wie sie in der „Kritik der reinen Vernunft" vorliegt, erfährt
in der „Kritik der praktischen Vernunft" eine wichtige Er-
gänzung. In jenem ersteren Werke war der Ausgangspunkt,
von dem aus Kant zu dieser Freiheitstheorie gelangte, nicht
ein ethischer, sondern ein logischer, die Auflösung einer Antinomie der theoretischen Vernunft; was er dort beweisen
wollte, war nicht die Wirklichkeit der Freiheit, sondern nur
ihre logische Widerspruchslosigkeit. Anders in der „Kritik der
praktischen Vernunft." Hier geht er von der Thatsache des
Sittengesetzes im Menschen aus und schliesst von dieser auf die
Wirklichkeit der Freiheit. Er wiederholt nun hier im Wesentlichen die in der „Krit. d. r. Vern." vorgetragene Freiheitslehre, aber mit direkter Beziehung auf das sittliche Gesetz,
indem er in ihr das Mittel findet, dem handelnden Subjekt
seine Thaten zuzurechnen, es moralisch für dieselben verantwortlich zu machen. „Wenn ich von einem Menschen, der
einen Diebstahl verübt, sage: diese That sei nach dem Naturgesetze der Causalität aus den Bestimmungsgründen der vorhergehenden Zeit ein nothwendiger Erfolg, so war es unmöglich, dass sie hat unterbleiben können; wie kann denn die
Beurtheilung nach dem moralischen Gesetze hierin eine Aenderung machen und voraussetzen, dass sie doch habe unterlassen werden können, weil das Gesetz sagt, sie hätte unterlassen werden sollen?" (Kr. d. pr. V., pag. 115.) Die Antwort
darauf ist: sie hätte unterlassen werden können, wenn das
Subjekt einen anderen Charakter hätte, und das
eben könnte es. Die Naturnothwendigkeit hängt den

Bestimmungen des handelnden Subjekts an, soweit es unter
Zeitbedingungen steht, und insofern liegen also die Bestim-
mungsgründe einer jeden Handlung desselben in demjenigen,
was zur vergangenen Zeit gehört und nicht mehr in seiner
Gewalt ist; „aber eben dasselbe Subjekt, das sich andererseits
auch seiner als Dinges an sich selbst bewusst ist, betrachtet
auch sein Dasein, sofern es nicht unter Zeitbedingungen steht,
sich selbst aber nur als bestimmbar durch Gesetze, die es
sich durch Vernunft selbst gibt, und in diesem seinem Dasein
ist ihm nichts vorhergehend vor seiner Willensbestimmung,
sondern jede Handlung, und überhaupt jede dem innern Sinne
gemäss wechselnde Bestimmung seines Daseins, selbst die
ganze Reihenfolge seiner Existenz, als Sinnenwesen, ist im
Bewusstsein seiner intelligiblen Existenz nichts als Folge, niemals aber als Bestimmungsgrund seiner Causalität, als Noumens,
anzusehen. In diesem Betracht nun kann das vernünftige
Wesen von einer jeden gesetzwidrigen Handlung, die es verübt, ob sie gleich als Erscheinung in dem Vergangenen hin-
reichend bestimmt und sofern unausbleiblich nothwendig ist,
mit Recht sagen, dass er sie hätte unterlassen können: denn
sie, mit allem Vergangenen, das sie bestimmt, gehört zu einem
einzigen Phänomen seines Charakters, den er sich selbst
verschafft, und nach welchem er sich, als einer von aller
Sinnlichkeit unabhängigen Ursache, die Causalität jener Erscheinungen selbst zurechnet" (Ebd. pag. 117—118). Wir
haben hier in der Lehre vom intelligiblen Charakter ein neues
Moment, das in der „Krit. d. r. Vern." nicht enthalten war:
während in dieser einfach auf die intelligible Causalität und
das ihr eigene Gesetz, den intelligiblen Charakter, als letzten
Erklärungsgrund, auf den zurückgegangen werden könne, ver-
wiesen wurde, wird hier noch weiter auch nach dem Woher
dieses Charakters geforscht und dieser als von dem intelligiblen Subjekt durch einen Akt seiner Freiheit er-
worben dargestellt. Also nicht bloss in ein beharrliches
intelligibles Wollen, wie in der „Krit. d. r. Vern.", setzt Kant
hier die transscendentale Freiheit, sondern in eine intelligible That, durch welche das Noumenon sich das Gesetz
seines Wollens, seiner Causalität selbst gibt. Und zwar

besteht diese intelligible That in der Annahme von Grundsätzen, wie die Darlegung pag. 120 uns lehrt. Es gibt Fälle, sagt Kant dort, wo Menschen von frühester Kindheit an einen bösartigen Charakter zeigen, so dass man sie für geborene Bösewichter hält, und doch rechnet man ihnen ihre Verbrechen als Schuld zu und sie selbst finden dieses gerechtfertigt. „Dieses würde nicht geschehen können, wenn wir nicht voraussetzten, dass Alles, was aus ihrer Willkür entspringt, eine freie Causalität zum Grunde habe, welche von der frühen Jugend an ihren Charakter in ihren Erscheinungen (den Handlungen) ausdrückt, die wegen der Gleichförmigkeit des Verhaltens einen Naturzusammenhang kenntlich machen, der aber nicht die arge Beschaffenheit des Willens nothwendig macht, sondern vielmehr die Folge der freiwillig angenommenen bösen und unwandelbaren Grundsätze ist, welche ihn nur noch um desto verwerflicher und strafwürdiger machen." Auch in dem 1. Stück der „Religion innerhalb der Grenzen der blossen Vernunft" lehrt Kant eine solche intelligible That. Es handelt sich dort um die Frage nach dem Grunde des Bösen im Menschen, und da findet er denn, dass derselbe schon von Natur eine böse Gesinnung, einen Hang zum Bösen habe, d. h. einen subjektiven Bestimmungsgrund der Willkür, der vor jeder in die Sinne fallenden That vorhergeht. „Nun ist aber nichts sittlich- (d. i. zurechnungsfähig-) böse, als was unsere eigene That ist" (pag. 34); also muss diese Gesinnung „selbst auch durch freie Willkür angenommen worden sein, denn sonst könnte sie nicht zugerechnet werden" (pag. 26). Da nun die Erwerbung dieses Hanges jeder zeitlichen That vorhergehen muss, so nennt Kant sie eine „intelligible That, bloss durch Vernunft, ohne alle Zeitbedingung erkennbar", und bestimmt sie näher als denjenigen Gebrauch der Freiheit, wodurch die oberste Maxime in die Willkür aufgenommen wird. Böse ist diese That deshalb, weil der Mensch durch sie „die sittliche Ordnung der Triebfedern in der Aufnehmung derselben in seine Maxime umkehrt, die Triebfedern der Selbstliebe und ihre Neigungen zur Bedingung der Befolgung des moralischen Gesetzes macht,

da das letztere vielmehr als die oberste Bedingung der Be-
friedigung der ersteren in die allgemeine Maxime der Willkür als
alleinige Triebfeder aufgenommen werden sollte" (pag. 40).
Die Lehre vom intelligiblen und empirischen Charakter
hat Schopenhauer, nachdem sie vorher im Wesentlichen auch
von Schelling schon acceptirt worden war, in seine Ethik
herübergenommen. Er sieht in dieser Theorie vom Zusammenbestehen der Freiheit mit der Nothwendigkeit „Kant's
grösstes und glänzendes Verdienst um die Ethik", ja er erklärt sie geradezu „für die grösste aller Leistungen des
menschlichen Tiefsinns ¹)". In seiner Deutung stellt sich diese
Lehre kurz folgendermassen dar. Jeder Mensch hat einen
angeborenen Charakter, d. h. eine individuell bestimmte
Beschaffenheit seines Willens; aus ihm und den auf ihn einwirkenden Motiven geht die Handlung jedesmal als nothwendiges Produkt hervor, denn: operari sequitur esse.
Dieser angeborene Charakter ist constant, er bleibt un-
veränderlich derselbe das ganze Leben hindurch.
Von einer Freiheit kann also bei den Handlungen des Menschen
keine Rede sein; was von allem Geschehen in der Welt gilt,
das gilt auch von ihnen: quidquid fit necessario fit. Nun gibt
es aber eine Thatsache des Bewusstseins, welche über diese
Nothwendigkeit des Handelns hinausweist, nämlich das deut-
liche und sichere Gefühl der Verantwortlichkeit, der Zu-
rechnungsfähigkeit für unsere Handlungen. Dieses Gefühl ist nur möglich unter der Voraussetzung, dass wir selbst
die Urheber, die freien Thäter unserer Thaten sind. Da
aber das Handeln mit Nothwendigkeit aus dem Sein erfolgt,
so betrifft diese moralische Verantwortlichkeit des Menschen
im Grunde das was er ist; er fühlt sich schuldig für seine
That, denn er erkennt, dass ihm, objektiv, eine ganz andere,
ja entgegengesetzte Handlung möglich war, wenn nur Er
ein anderer gewesen wäre. Dass er aber eben ein
Solcher und kein Anderer ist, das ist es, wofür er sich verantwortlich fühlt. Er hätte ein Anderer sein können, dies

1) Schopenhauer, die beiden Grundprobleme der Ethik. 2. Auflage,
pag. 174 und 176.

und nur dies ist des Menschen Freiheit [1]). Schopenhauer legt
also allen Nachdruck auf die vorzeitliche intelligible That,
durch welche der Mensch sich seinen Charakter selbst gegeben habe. Diese That ist der einzige Akt seiner Freiheit; in seinem irdischen Dasein hat die Freiheit gar
keine Stätte, sondern hier ist all' sein Thun nur Erscheinung
des einmal angenommenen unveränderlichen Charakters.
Diese Schopenhauer'sche Theorie erhebt nicht nur selbst
den Anspruch, sich mit der Kantischen vollständig zu decken,
sondern man hat sich auch anderwärts vielfach daran ge-
wöhnt, sie für eine durchaus treue und treffende Wiedergabe
derselben zu halten: Kant's und Schopenhauer's transscendentale
Freiheit pflegt man in einem Athem zu nennen, als ob an
deren Identität nicht im Geringsten zu zweifeln wäre. Ist
diese Identität wirklich vorhanden? Wir müssen auf diese
Frage mit einem Nein antworten. Halten wir uns lediglich
an Kant's Lehre vom intelligiblen und empirischen Charakter,
wie sie oben dargelegt wurde, so ist allerdings nicht zu
leugnen, dass Schopenhauer's Anspruch, in seiner Lehre von
der Freiheit die Kantische Ansicht nur wiedergegeben zu haben,
ein gut Theil von Berechtigung hat. Nach dieser Ansicht erfolgt ja, wie wir sahen, jede unserer Handlungen aus dem
empirischen Charakter mit Nothwendigkeit, so dass also für
einen Akt der Freiheit in diesem Leben kein Raum zu sein
scheint. Und da Kant ja auch eine ausserzeitliche intelligible That annimmt, so muss dieser allein, wie es scheint,
die Bildung des Charakters sowie die Verantwortlichkeit
für die aus ihm hervorgehenden Handlungen zugeschoben
werden. Vergleichen wir indess diese Deutung mit so
mancher anderen Aeusserung Kant's über die Freiheit, vergleichen wir sie vor Allem mit den Grundprincipien seiner
praktischen Philosophie überhaupt, so erkennen wir sofort
den unvereinbaren Gegensatz, in dem sie mit diesen steht,
und müssen uns sagen, dass in ihr Kant's wahre Meinung
danach unmöglich enthalten sein kann. Wir verweisen hier
nur auf die Thatsache, von der seine Ethik ausgeht und auf

---

1) Vergl. a. a. O., pag. 48—62, 93—98, 174—178.

der sie ruht, auf den kategorischen Imperativ. Wie ist ein Sollen für uns möglich, wenn uns hier auf Erden keinerlei Freiheit zukommt? Diese ganze praktische Philosophie Kant's aber einfach zu verwerfen, sie für eine grosse Inconsequenz zu erklären, weil sie mit jener fatalistischen Auslegung seiner Lehre vom intelligiblen Charakter sich nicht zusammenreimen lässt, das wäre einem Denker wie Kant gegenüber doch ein gar zu billiges Auskunftsmittel. In der That ist es denn auch gar nicht Kant's Ansicht, dass der Charakter ein constanter, das ganze Leben hindurch unveränderlicher sei. In der „Rel. i. d. Gr. d. bl. Vern." legt er vielmehr dem Menschen ausdrücklich das Vermögen bei, den durch die intelligible That erworbenen Charakter umzugestalten, die sittliche Ordnung der Triebfedern wiederherzustellen, mit einem Worte: sich zu bessern. „Wenn Jemand bis zu einer unmittelbar bevorstehenden freien Handlung auch noch so böse gewesen wäre, so ist es nicht allein seine Pflicht gewesen besser zu sein, sondern es ist jetzt noch seine Pflicht sich zu bessern: e r muss es also auch können" (pag. 46). Wie es möglich sei, dass ein von Natur böser Mensch sich zu einem guten mache, das, sagt Kant, übersteige allerdings alle unsere Begriffe, es sei ebenso unbegreiflich wie das Entgegengesetzte, dass ein der Anlage nach guter in's Böse fallen konnte. Aber „ungeachtet jenes Abfalls erschallt doch das Gebot: wir sollen bessere Menschen werden, unvermindert in unserer Seele, folglich müssen wir es auch können" (pag. 50), denn die Pflicht „gebietet uns nichts als was auch thunlich ist" (pag. 54). Diese Besserung sei keine Aenderung bloss der Sitten, sondern des Herzens, des Willens in seiner Wurzel; „dass Jemand nicht bloss ein gesetzlich, sondern ein moralisch guter Mensch, d. i. tugendhaft nach dem intelligiblen Charakter (virtus noumenon) werde, .. das kann nicht durch allmälige Reform, so lange die Grundlage der Maximen unlauter bleibt, sondern muss durch eine Revolution in der Gesinnung im Menschen (einen Uebergang zur Maxime der Heiligkeit derselben) bewirkt werden: und er kann ein neuer Mensch nur durch eine Art von Wiedergeburt, gleich als durch eine neue Schöpfung und Aenderung des Herzens

werden" (pag. 53). Diese Wiedergeburt, diese Revolution in
der Gesinnung des Menschen besteht darin, dass er „den
obersten Grund seiner Maximen, wodurch er ein böser Mensch
war, durch eine einzige unwandelbare Entschliessung umkehrt"
(pag. 54). Diese Aeusserungen Kant's sind klar und unzwei-
deutig, und sie dürfen bei einer Darstellung seiner Freiheitslehre nicht, wie es gewöhnlich geschieht, übersehen und un-
berücksichtigt gelassen werden. Mit Recht sagt Kuno Fischer:
„Der Begriff der Wiedergeburt, die alle Besserung im Menschen
bedingt, ist in der Kantischen Philosophie von der grössten
Bedeutung. Mit diesem Begriff ergänzt und vollendet sich die
tiefsinnige Lehre vom intelligiblen Charakter" [1]. Allerdings
hat uns Kant nicht darüber aufgeklärt, wie diese Wiedergeburt mit seiner Lehre vom intelligiblen und empirischen
Charakter zu vereinbaren ist, aber das geht jedenfalls un-
zweideutig aus seinen Aeusserungen hervor, dass nach seiner
Ansicht die menschliche Freiheit nicht, wie bei Schopenhauer,
in jener einmaligen intelligiblen That, welche den Charakter
setzt, erschöpft ist, sondern dass sie auch in unserem jetzigen
Leben eine Stelle hat. Und nicht nur hier in der „Rel. i. d.
Gr. d. bl. Vern.", sondern auch in seinen ethischen Schriften
wird dieser Ueberzeugung vielfach Ausdruck gegeben. Namentlich in der „Kr. d. pr. V." wird ja die Realität der Freiheit
allenthalben aus dem Sittengesetze gefolgert; der Mensch
„urtheilt, dass er etwas kann, darum weil er sich bewusst
ist, dass er es soll" (pag. 35). Ein Imperativ ist aber nach
Kant's Meinung ungereimt ohne ein Vermögen ihn zu befolgen.
In der „Recension von Schulz's Versuch einer Anleitung zur
Sittenlehre" (Kl. Schriften zur Ethik und Religionsphilosophie,
pag. 74) sagt er, dass „der Fatalismus den Begriff von Ver-
bindlichkeit gänzlich aufhebe, dass dagegen das Sollen oder
der Imperativ, der das praktische Gesetz vom Naturgesetz
unterscheidet, uns auch in der Idee gänzlich ausserhalb der
Naturkette setze, indem er, ohne unseren Willen als frei zu
denken, unmöglich und ungereimt ist." Wir brauchen hier
nicht zu untersuchen, ob dieser Schluss vom Sollen auf das

---

1) K. Fischer, Geschichte der neueren Philosophie. 2. Auflage, Bd. IV,
pag. 420.

Können ein berechtigter ist: nach Kant's Ansicht, auf die es hier allein ankommt, ist er es jedenfalls, und da kann es denn auch keinem Zweifel unterliegen, dass nach derselben Ansicht eben da, wo das Sollen, das Sittengesetz sich geltend macht, auch das Können, die Freiheit vorhanden sein muss, d. h. also hier in unserem irdischen Leben, auf dem Schauplatze des menschlichen Handelns. Dieses bestätigt Kant denn auch ausdrücklich, wenn er erklärt: „Dem kategorischen Gebote der Sittlichkeit Genüge zu leisten, ist in Jedes Gewalt zu aller Zeit" (Kr. d. pr. V., pag. 43).

Unsere bisherige Untersuchung der Lehre vom intelligiblen Charakter hat also ein Zwiefaches ergeben, das wir als Kant's Ansicht festzuhalten haben: auf der einen Seite die Nothwendigkeit der Handlungen als Erscheinungen, auf der andern zugleich Freiheit als ein absolutes, von allem Empirischen unabhängiges Vermögen der Spontaneität, und zwar nicht ein Vermögen, das der Mensch einmal in einem vorzeitlichen Dasein besessen hat, sondern das er auch jetzt noch besitzt. Merkwürdiger Weise haben fast Alle, die eine Darstellung der Kantischen Freiheitslehre versuchten, je nach ihrer deterministischen oder indeterministischen Richtung die eine oder die andere dieser beiden Seiten vernachlässigt, indem sie sie entweder einfach ignorirten oder als eine Inconsequenz im System bei Seite zu schieben suchten. Es ist klar, dass man auf diese Weise Kant nicht gerecht werden kann. Will man zu einem richtigen Verständniss seiner schwierigen Lehre gelangen, so muss man jene beiden Bestandtheile derselben in gleicher Weise berücksichtigen. Wie aber, das ist nun die Frage, wie haben wir uns das Zusammenbestehen beider zu denken, wie also muss das Wirken der Freiheit gedacht werden, wenn sie neben der Nothwendigkeit der Handlungen doch noch eine Stätte im menschlichen Leben haben soll? Es kann, wie wir glauben, nur so gedacht werden, dass man die Freiheit nicht auf die Handlungen, sondern auf die ihnen zu Grunde liegende Gesinnung bezieht: sie ist eine Freiheit nicht der Handlungen, sondern der Maximen. Die in die Erscheinung tretenden Handlungen des Menschen, das betont ja Kant oft genug, gehen mit Naturnothwendigkeit aus seinem empirischen Charakter hervor, aber dieser Charakter selbst ist, wenigstens zum Theil, soweit er nämlich Erscheinung des intelligiblen ist, ein Produkt seiner Freiheit, an dessen Bildung diese beständig arbeiten soll und arbeiten kann. Sie thut dies durch die Annahme der Maximen, welche den Charakter constituiren. Diese Ergreifung der Maximen ist die eigentliche That der Freiheit, worin diese sich als unabhängige Spontaneität bewährt; und zwar ist sie ein intelligibler, im intelligiblen Charakter vor sich gehender Akt, und die Freiheit, welche ihn ausführt, ein intelligibles Vermögen.

Dass wir wirklich Kant's Meinung treffen, wenn wir in der Annahme der Maximen die eigentliche Bethätigung der Freiheit sehen, diese also als ein Vermögen der Wahl der Maximen erklären, lässt sich durch eine Reihe seiner Aussprüche belegen. So sagt er in der „Rel. i. d. Gr. d. bl. Vern.", pag. 25: „Die Freiheit der Willkür ist von der ganz eigenthümlichen Beschaffenheit, dass sie durch keine Triebfeder zu einer Handlung bestimmt werden kann, als nur sofern der Mensch sie in seine Maxime aufgenommen hat; so allein kann eine Triebfeder, welche sie auch sei, mit der absoluten Spontaneität der Willkür (der Freiheit) zusammen bestehen." Dadurch, dass die ursprüngliche Anlage im Menschen gut ist, ist er es selber noch nicht, „sondern nachdem er die Triebfedern, die diese Anlage enthält, in seine Maxime aufnimmt oder nicht (welches seiner freien Wahl gänzlich überlassen sein muss) macht er, dass er gut oder böse wird" (Ebd. pag. 50). Ebenso machen ihn sinnliche Neigungen und Antriebe an sich noch nicht böse; er steht ihnen vielmehr so gegenüber, „dass er sie nicht verantwortet und seinem eigentlichen Selbst, d. i. seinem Willen nicht zuschreibt, wohl aber die Nachsicht, die er gegen sie tragen möchte, wenn er ihnen zum Nachtheil der Vernunftgesetze des Willens Einfluss auf seine Maximen einräumte" (Grundl. z. Metaph. d. S., pag. 88). Auch in der „Krit. d. prakt. Vern." wird dem Willen eine freie Causalität beigelegt, die sich in der Ergreifung der Maximen als solche offenbart. So heisst es pag. 67 vom Begriff einer empirisch unbedingten Causalität, er sei theoretisch zwar leer, da keine Anschauung von ihm möglich sei, aber „er hat nichtsdestoweniger wirkliche Anwendung, die sich in Concreto in Gesinnungen oder Maximen darstellen lässt, d. i. praktische Realität". Wir führten schon oben zum Beweise, dass Kant dem Menschen hier auf Erden Freiheit beilegt, die Stelle an: „dem kategorischen Gebote der Sittlichkeit Genüge zu leisten, ist in Jedes Gewalt zu aller Zeit"; hier ist für unseren Zweck von Wichtigkeit, was er jenen Worten als Begründung hinzufügt: „weil es [dabei] nur auf die Maxime ankommt, die ächt und rein sein muss" (Kr. d. pr. V., pag. 43). Eine dem Sittengesetze entsprechende Maxime zu haben, das also steht hiernach in Jedes Gewalt zu aller Zeit.

An allen diesen Stellen, die sich um zahlreiche ähnliche Aussprüche leicht vermehren liessen, wird der Wille als ein selbständiges Vermögen vorausgesetzt, das bei der Wahl der Maximen sowohl den Triebfedern der Vernunft wie denen der Sinnlichkeit nachgeben kann, und das eben in dieser Wahl seine Freiheit bethätigt. Da nun Kant diese Freiheit für eine transscendentale erklärt, die nicht dem Menschen als Erscheinung, sondern nur als intelligiblem, als Ding an sich beigelegt werden könne, so nahm man als seine Meinung an, dass dieser sie nur in einem von unsrem jetzigen Zustande verschiedenen, ihm vorangegangenen Dasein besessen habe, während sie Kant doch in Wirklichkeit „als transscendentales Prädikat der Causalität eines Wesens, das zur Sinnenwelt gehört" (Kr. d. pr. V. pag. 113), betrachtet wissen will: d. h. also: auch der Mensch, während er zur Sinnenwelt gehört, besitzt diese Freiheit, aber freilich nicht als sinnlicher, nicht als Erscheinung, sondern als Ding an sich, was er ja bleibt auch wenn er erscheint. Diese Freiheit selbst ist keine sinnliche Eigenschaft und kann in der Erscheinung nicht wahrgenommen werden, aber ihre Wirkungen treten in die Erscheinung, nämlich am empirischen Charakter. Allerdings nimmt Kant, wie wir oben sahen, einen Gebrauch der Freiheit an, der vor aller in die Sinne fallenden That vorhergeht, jene intelligible That, wodurch die oberste Maxime in die Willkür aufgenommen wird. Aber der Mensch hat sich damit nach Kant's

Ansicht nicht etwa der Freiheit ein für allemal begeben, sondern er behält als intelligibler das Vermögen, diese Grundmaxime zu bejahen oder sie umzukehren; so lange er sie bejaht, liegen alle seine Maximen in der Richtung, die er sich selbst für den Gebrauch seiner Freiheit angewiesen hat, aber es ist nicht nothwendig, dass er jene oberste Maxime dauernd beibehält. Verlässt er sie und nimmt das Sittengesetz als oberste Triebfeder in seine Maxime auf, so ist er dadurch im Prinzip, der Gesinnung nach gut, ohne dass deshalb aber auch seine Handlungen in der Erscheinung damit sofort dem Gesetze vollkommen gemäss zu sein brauchen, „denn zwischen der Maxime und der That ist noch ein grosser Zwischenraum" (Rel. i. d. Gr. d. bl. V. pag. 52).

Wie bei einem Menschen, dessen Grundmaxime noch böse ist, doch die Handlungen gesetzmässig sein können, wenn die Vernunft in die Triebfedern der Neigung Einheit der Maximen bringt, „da dann der empirische Charakter gut, der intelligible aber immer noch böse ist" (ebd. pag. 40), ebenso können auch bei einer guten Grundmaxime die Handlungen noch mangelhaft sein, weil die Gesinnung zu schwach ist, um die durch Gewohnheit zur zweiten Natur gewordene Art des Handelns mit einem Schlage umzuändern. Gesinnung und Handlungsweise, intelligibler und empirischer Charakter decken sich also nicht vollständig, so dass dieser bloss die Erscheinung von jenem wäre; der empirische Charakter ist vielmehr zugleich das Produkt andrer, äusserer Umstände, und deshalb ändert er sich auch nicht mit einem Schlage, wie es der intelligible durch eine freie Entschliessung thun kann, sondern nur durch eine allmälige Reform. Die im Menschen vorhandene Verderbniss seiner Grundmaxime auf der einen, die Pflicht der Besserung auf der anderen Seite sind also nur so zu vereinen, „dass die Revolution für die Denkungsart, die allmälige Reform aber für die Sinnesart nothwendig und daher auch dem Menschen möglich sein muss. Das ist: wenn er den obersten Grund seiner Maximen, wodurch er ein böser Mensch war, durch eine einzige unwandelbare Entschliessung umkehrt (und hiemit einen neuen Menschen anzieht), so ist er sofern, dem Prinzip und der

Denkungsart nach, ein für's Gute empfängliches Subjekt, aber
nur in kontinuirlichem Wirken und Werden ein guter Mensch:
d. i. er kann hoffen, dass er bei einer solchen Reinigkeit des
Prinzips, welches er sich zur obersten Maxime seiner Willkür genommen hat, und der Festigkeit desselben, sich auf
dem guten Wege eines beständigen Fortschreitens vom
Schlechten zum Besseren befinde" (Rel. i. d. Gr. d. bl. V.
pag. 54).

IV. Verhältniss der Lehre vom intelligiblen und
empirischen Charakter zur Freiheitslehre der
„Grundlegung".

Nachdem wir so die in den verschiedenen Schriften sich
findenden Aeusserungen Kant's über den intelligiblen und
empirischen Charakter zu einem — wie wir hoffen richtigen
— Gesammtbilde vereinigt haben, erhebt sich vor Allem die
Frage, wie die hier gelehrte Freiheit zu der besonders im
III. Abschnitt der „Grundlegung" vorgetragenen Vernunft-
freiheit sich verhalte. Wir müssen darauf erwidern, dass sie
mit derselben durchaus nicht identisch ist, wir es vielmehr
hier und dort mit zwei ganz verschiedenen Dingen zu thun
haben. Im Gegensatze zu den meisten Andern, die sich mit
unserm Gegenstande beschäftigten, hat diesen Unterschied
Zange richtig erkannt, der in seiner beachtenswerthen Schrift
„über das Fundament der Moral" sagt, er sei nach wieder-
holter Vergleichung aller einschlagenden Stellen zu der Ueberzeugung gelangt, „dass bei Kant die Lehre von der Freiheit
nicht überall dieselbe ist, dass besonders die in der „Grundlegung z. M. d. S." entwickelte sich wesentlich von der in
der „Krit. d. r. Vern." und den anderen Schriften dargeleg-
ten unterscheidet"[1]). Auf Grund unsrer obigen Darstellung
müssen wir uns diesen Worten durchaus anschliessen. Kant
hat in seinen Schriften unter den Namen „Freiheit" zwei
Begriffe befasst, die durchaus nicht denselben Inhalt haben,
vielmehr wesentlich von einander verschieden sind. Aller-

---

1) E. M. Fr. Zange, Ueber das Fundament der Ethik. Eine krit.
Untersuchung über Kant's und Schopenhauer's Moralprincip. Leipzig 1872.
pag. 118.

dings haben dieselben auch gemeinsame Eigenschaften, ja sie tragen beide die Merkmale an sich, die nach Kant das Wesen der Freiheit ausmachen. Die Freiheit einer Causalität besteht ja nach ihm, wie wir sahen, in einem Doppelten: in der Unabhängigkeit von fremden sie bestimmenden Ursachen und im Wirken nach eigenen, in ihrem Wesen liegenden Gesetzen. Diese Bestimmungen passen auf jene beiden Freiheitsbegriffe, sowohl auf den der „Grundlegung" wie auf die Freiheit des intelligiblen Charakters. Und dennoch sind beide nicht wenig von einander verschieden. Diese Verschiedenheit betrifft zwei Punkte: 1) die Gesetze, nach welchen die Freiheit wirkt, und 2) das Subjekt, dem sie beigelegt wird, welches als freie Causalität wirkt. Die Gesetze nämlich, nach welchen die Freiheit der „Gundlegung" wirkt, sind keine andern als die sittlichen Gesetze, während der intelligible Charakter, also das Gesetz der im letzten Abschnitt beschriebenen intelligiblen Causalität, sowohl aus guten wie aus bösen Maximen bestehen kann. Was ferner das Subjekt betrifft, von dem das freie Wirken ausgesagt wird, so nennt die „Grundlegung" als solches stets die praktische Vernunft oder den mit dieser ganz identischen reinen Willen, während als Subjekt des intelligiblen Charakters die Willkür oder der Wille schlechthin figurirt, der als solcher durchaus nicht immer den gleichen Inhalt hat mit der praktischen Vernunft. Wir wollen diese beiden Differenzpunkte noch etwas näher beleuchten und als solche nachzuweisen suchen.

ad 1. Zu Anfang des III. Abschnittes der „Grundlegung" schildert Kant die Freiheit, wie wir sahen, als „eine Causalität nach unwandelbaren Gesetzen" und bestimmt diese Gesetze als die „sittlichen" (es ist „ein freier Wille und ein Wille unter sittlichen Gesetzen einerlei"). Als solche ist die Freiheit identisch mit der Autonomie des Willens. Es liegt also hier der Gedanke zu Grunde, dass das sittliche Gesetz nicht etwas dem Willen Fremdes ist, ihm nicht als ein von Aussen gegebenes gegenübersteht, sondern vielmehr das eigentliche und wahre Wesen desselben ausmacht. Der intelligible Wille als solcher ist sittlicher Wille und seine Freiheit sittliche Freiheit. Sie ist eine transscendentale Causalität, welche unabhängig von ausser ihr liegenden Bedingungen, autonom, nach ihrem eigenen d. h. sittlichen Gesetze wirksam ist. Dieses sittliche Gesetz ist also gewissermassen das Naturgesetz des intelligiblen Willens, nach welchem das Wollen des intelligiblen Subjektes vor sich gehen muss; „das moralische Sollen", sagt Kant, „ist also eigenes nothwendiges Wollen als Gliedes einer intelligiblen Welt" (Grundl. pag. 85). Als Sollen, als kategorischer Imperativ wird es vom Menschen nur insofern empfunden, als er zugleich Glied der Sinnenwelt und als solches von empirischen Neigungen afficirt ist. In der Sprache Kant's könnten wir den kategorischen Imperativ oder das Sittengesetz als den empirischen Charakter des intelligiblen ¦Willens oder der Vernunft bezeichnen, denn er ist ja doch das, als was der reine oder vernünftige Wille des intelligiblen Subjekts im empirischen Menschen zur Erscheinung kommt. Wie verschieden aber ist davon Dasjenige, was wir im vorigen Abschnitt als den empirischen Charakter des Menschen kennen gelernt haben. Dort bedeutete derselbe nicht das sittliche Gesetz, sondern überhaupt das Gesetz, nach welchem der Wille des empirischen Menschen handelt, oder mit anderen Worten die Willensqualität, wodurch seine Handlungen nothwendig bestimmt werden. Diese Willensqualität stimmt aber mit dem Sittengesetze durchaus nicht immer überein, ja sie könnte, wenn wir die Lehre vom radikalen Bösen in ihrer ganzen Consequenz festhielten, mit ihm eigentlich niemals übereinstimmen. Und doch ist auch dieser empirische Charakter, ganz ebenso wie jenes Sittengesetz, Erscheinung einer intelligiblen Beschaffenheit des Menschen, seines intelligiblen Charakters, und als solche gleichfalls ein Produkt seiner intelligiblen Freiheit. Wir haben somit zwei verschiedene Weisen, auf welche, zwei verschiedene Gesetze, nach welchen die intelligible Freiheit des Noumenon zur Erscheinung kommt. Welche Schlüsse sich daraus auf die Beschaffenheit des Noumenon selbst ziehen lassen, werden wir später sehen; hier interessirt uns zunächst die Frage, wie sich zu dieser zwiefachen Freiheit die menschlichen Handlungen verhalten. Wir

zeigten schon oben, dass als Produkt jener sittlichen Freiheit nur die guten Handlungen betrachtet werden können.
Denn es wäre ein Selbstwiderspruch, wenn wir annähmen,
eine nach sittlichen Gesetzen wirkende Causalität könnte auch
diesen Gesetzen widerstreitende Handlungen erzeugen. Solche
böse Handlungen können also nach dieser Theorie nur aus
dem Pausiren der sittlichen Freiheit in Folge des Ueber-
gewichtes der Sinnlichkeit über diese oder in Folge andrer
uns unbekannter Verhältnisse erklärt werden. Anders bei
der Lehre vom intelligiblen und empirischen Charakter. Hier
geht jede Handlung, sowohl die sittliche wie die unsittliche,
aus dem empirischen Charakter hervor, ist also ein Produkt
der freiwillig angenommenen Maximen und mithin des intelligiblen Willens des Noumenon selbst, dem sie daher moralisch
zuzurechnen ist.

ad 2. Schwieriger als die eben besprochene ist die
zweite, das Subjekt der Freiheit betreffende Differenz in
Kant's Lehre zu erkennen, da die Bedeutung der hier in Betracht kommenden Begriffe Vernunft und Wille bei ihm eine
sehr schwankende, durchaus nicht consequent festgehaltene ist.
Die Vernunft bedeutet im Allgemeinen bei Kant das Vermögen der Prinzipien; wie sie auf theoretischem Gebiete das
Vermögen ist, welches die Prinzipien der Erkenntniss a priori
an die Hand gibt (Kr. d. r. V. pag. 64), so auf praktischem
Gebiete das Vermögen, welches die Prinzipien des Handelns
vorschreibt. Als dieses letztere oder, wie sie dann heisst,
als praktische Vernunft ist sie der autonome sittliche Gesetzgeber. „Die Vernunft für sich selbst und unabhängig von
allen Erscheinungen gebietet, was geschehen soll" (Grundl.
pag. 28). Als praktisch erweist sie sich zunächst dadurch,
dass sie dem Willen ein Gesetz vorschreibt und ihn zur An-
erkennung desselben zwingt, dann aber auch weiter, indem
sie denselben zur Ausführung der von ihr vorgeschriebenen
Handlungen bestimmt. Sie hat somit Causalität, und deshalb
setzt sie Kant, wie wir oben (pag. 9) darlegten, dem reinen
Willen, dem Willen des Menschen als Intelligenz, identisch:
der reine Wille ist eben die Vernunft als causale. Und dieser
praktischen Vernunft nun oder dem reinen Willen legt Kant

das Prädikat der Freiheit bei, weil ihre Causalität eine von Objekten vollständig unabhängig, ihrem eigenen Wesen gemäss wirkende ist.

Nun kennt aber Kant ausser diesem reinen noch einen anderen Willen, nämlich den durch sinnliche Begierden afficirten, den Willen des Menschen, sofern dieser zugleich ein Glied der Sinnenwelt ist. Während jener vollständig übereinstimmt mit dem Sittengesetz, welches ja, wie Kant geradezu sagt, aus unserem Willen als Intelligenz entsprungen ist, ist dieser auch andrer als sittlicher Maximen fähig; während jener den Inhalt des Sittengesetzes von selbst nothwendig will, steht es diesem als ein Imperativ gegenüber. Diesen pathologisch afficirten Willen nennt Kant auch Willkür, ohne freilich im Gebrauche der verschiedenen Bezeichnungen für das Willensvermögen consequent zu sein. Meistens, namentlich in der „Krit. d. pr. Vern.", gebraucht er die Ausdrücke Wille und Willkür gleichbedeutend für die menschliche Causalität überhaupt, gleichviel ob dieselbe durch sittliche oder unsittliche Maximen zum Handeln bestimmt wird. So spricht er z. B. in Lehrsatz I und II (pag. 22 ff.) abwechselnd ganz in derselben Bedeutung von Bestimmungsgrund des Willens und der Willkür, auch des Begehrungsvermögens. Hier ist also der Wille ganz allgemein „ein Vermögen, den Vorstellungen entsprechende Gegenstände entweder hervorzubringen oder doch sich selbst zur Bewirkung derselben d. i. seine Causalität zu bestimmen" (ebd. pag. 15), und er sagt von diesem Vermögen ausdrücklich: „Die Maximen des menschlichen Willens können auch den objektiven Prinzipien einer praktischen Vernunft zuwider sein" (Grundl. pag. 36). Vielfach aber scheint es wieder, als wolle er die Bezeichnung „Wille" auf jene Causalität nur dann angewendet wissen, wenn sie durch Vernunft bestimmt wird, so z. B. „Kr. d. pr. V." pag. 108, wo er den Willen erklärt als „eine Causalität, sofern Vernunft den Bestimmungsgrund derselben enthält"; ähnlich spricht er in der „Grundlegung" vom Willen als einem „vom blossen Begehrungsvermögen noch verschiedenen Vermögen, nämlich sich zum Handeln als Intelligenz, mithin nach Gesetzen der Vernunft, unabhängig von Natur-

instinkten zu bestimmen" (pag. 89). An solchen Stellen ist
also der Wille wieder etwas anderes als die Willkür; diese
Verschiedenheit erhält aber ihren deutlichsten Ausdruck in
der „Metaphysik der Sitten", wo Kant beide Begriffe auf das
schärfste von einander trennt und jedem eine besondere Funk-
tion zuweist. Er bestimmt dieselben dort (pag. 11) folgendermassen: „Das Begehrungsvermögen nach Begriffen, sofern
der Bestimmungsgrund desselben zur Handlung in ihm selbst,
nicht in dem Objekte angetroffen wird, heisst ein Vermögen,
nach Belieben zu thun oder zu lassen. Sofern es mit dem
Bewusstsein des Vermögens seiner Handlung zur Hervor-
bringung des Objekts verbunden ist, heisst es Willkür ...
Das Begehrungsvermögen, dessen innerer Bestimmungsgrund,
folglich selbst das Belieben in der Vernunft des Subjekts angetroffen wird, heisst der Wille. Der Wille ist also das
Begehrungsvermögen, nicht sowohl (wie die Willkür) in Beziehung auf die Handlung, als vielmehr auf den Bestimmungsgrund der Willkür zur Handlung betrachtet, und hat selber
für sich eigentlich keinen Bestimmungsgrund, sondern ist, sofern sie die Willkür bestimmen kann, die praktische Vernunft
selbst." Und an einer anderen Stelle fügt er hinzu: „Von
dem Willen gehen die Gesetze aus, von der Willkür
die Maximen" (pag. 26).

Diese Willkür ist es also, die wir als das Subjekt jener
Freiheit des intelligiblen und empirischen Charakters anzusehen haben. Denn grade in dem Vermögen, sich die Maximen
zu wählen, bestand ja, wie wir im vorigen Abschnitt zeigten,
das Wesen jener Freiheit. Es ist also ganz consequent,
wenn Kant in der „Kr. d. r. V.", wo er seine Lehre vom
intelligiblen und empirischen Charakter vorträgt, mehrfach
vom empirischen Charakter der menschlichen Willkür
redet. Dagegen ist es ein Abweichen von seinem sons-
tigen Sprachgebrauch, wenn er eben daselbst diesen Charakter
auch der Vernunft beilegt. So heisst es dort (pag. 446):
„Nun lasst uns wenigstens als möglich annehmen, die Vernunft habe wirklich Causalität in Ansehung der Erscheinungen, so muss sie, so sehr sie auch Vernunft ist, dennoch
einen empirischen Charakter von sich zeigen"; und gleich

darauf: „So hat denn jeder Mensch einen empirischen Charakter seiner Willkür, welcher nichts Anderes ist als eine gewisse Causalität seiner Vernunft, sofern diese an ihren Wirkungen in der Escheinung eine Regel zeigt, darnach man die Vernunftgründe und die Handlungen derselben nach ihrer Art und ihren Graden annehmen und die subjektiven Prinzipien seiner Willkür beurtheilen kann." Ebenso heisst es pag. 448: „Gesetzt nun, man könnte sagen, die Vernunft habe Causalität in Ansehung der Erscheinung, könnte da wohl die Handlung derselben frei heissen, da sie im empirischen Charakter derselben (der Sinnesart) ganz genau bestimmt und nothwendig ist?" Hier ist Vernunft offenbar in einem ganz anderen Sinne gebraucht, als ihn Kant's ethische Schriften derselben beizulegen pflegen. Denn hier bedeutet sie nicht jenes gesetzgebende Prinzip, die ursprüngliche Quelle der sittlichen Gesetze, sondern hier ist sie das dem Noumenon beiwohnende Vermögen der Prinzipien oder Maximen überhaupt, mögen diese nun sittlicher oder nichtsittlicher Natur sein, also ganz dasselbe, was Kant sonst eben als Willkür oder auch als Wille bezeichnet. Spricht er doch hier abwechselnd vom empirischen Charakter der Vernunft, der Willkür und des Menschen als von einer und derselben Sache in derselben Bedeutung; und er lässt von der Causalität dieser Vernunft nicht nur die sittlichen, sondern ausdrücklich alle menschlichen Handlungen verursacht werden, wenn er dort sagt: „In Ansehung des intelligiblen Charakters gilt kein Vorher oder Nachher und jede Handlung, unangesehen des Zeitverhältnisses, darin sie mit anderen Erscheinungen steht, ist die unmittelbare Wirkung des intelligiblen Charakters der reinen Vernunft" (pag. 450). Eine ähnliche, von der der „Grundlegung" abweichende Bedeutung des Begriffes Vernunft findet sich auch einmal in der „Krit. d. prakt. Vern." pag. 86, wo die Triebfeder bestimmt wird als „der subjektive Bestimmungsgrund des Willens eines Wesens, dessen Vernunft nicht schon vermöge seiner Natur dem objektiven Gesetze nothwendig gemäss ist." Diese Inconsequenz im Gebrauche der wichtigsten ethischen Begriffe, wie wir sie hier bei Kant finden, ist

sehr zu bedauern: sie erschwert das Verständniss seiner
Lehre ausserordentlich und trägt so nicht zum kleinsten Theile
selbst die Schuld an der Verwirrung, die in den verschiedenen
Anschauungen über dieselbe herrscht.

[Die vollständige Abhandlung, welche ausser dem Vorliegenden noch enthält: V. Beurtheilung der Kantischen Lehre.
VI. Versuch einer Lösung des Problems der Willensfreiheit auf
Grund der Kantischen Lehre, erscheint gleichzeitig unter demselben Titel im Verlage von Georg Weiss zu Heidelberg.]

VITA.

Natus sum Fridericus Carolus Gerhard die XXVII. m. Decembris anni h. s. XLVII. Sulzbachi, in oppidulo prope Sarae Pontem sito, patre Carolo, matre Carolina e gente Eberhart. Fidei addictus sum evangelicae. Literarum elementis imbutus tres per annos in oppido Sancti Vendelini fui inter discipulos progymnasii, deinde per quinquennium gymnasium Saraepontanum frequentavi. Maturitatis testimonio instructus auctumno anni LXVI almam universitatem literarum adii Bonnensem studiis theologicis nec non philologicis operam daturus. Auctumno anni sequentis Halas me contuli, ubi per quater sex menses inter cives academicos fui. Deinde Berolinum transmigravi, ubi per unum semestre scholas imprimis philosophicas audivi. Docuerunt me viri clarissimi Bernays, Gildemeister, Heimsoeth, Jahn, Kamphausen, Koehler, Krafft, Lange, Reifferscheid, Schaarschmidt, Simrock, Usener Bonnenses; Beyschlag, Erdmann, Jacobi, Müller, Riehm, Schlottmann, Tholuck, Ulrici, Wuttke, Zacher Halenses; Dorner et Trendelenburg Berolinenses. Quibus viris optime de me meritis gratias quam maximas ago. Examine superato theologico, quod „pro licentia concionandi“ dicitur, anno LXX Berolini munus praeceptoris domestici suscepi. Anno LXXIV Koneri, qui bibliothecae universitatis Berolinensis praeest, benevolentia assistentis q. d. munus mihi mandavit. Anno LXXVI bibliothecae universitatis Rhenanae factus sum custos, quo munere adhuc fungor.